Marlène EMMA

Les fruits de l'écriture

ou les tribulations du deuil

© 2019, Marlène EMMA

Édition : BoD – Books on Demand,
12/14 rond-point des Champs-Élysées,
75008 Paris, France
Impression : Books on Demand, Norderstedt,
Allemagne.

ISBN 978-2-3221-3345-1

Dépôt légal : février 2019

A nos enfants
Marc-Emilien et Eve-Amandine,

A toi, Pascal

Préface

Lors de la perte d'un proche, qui plus est un être cher, personne sur Terre ne réagit de la même manière.

Pour surmonter cette terrible épreuve, certains crient, pleurent, s'effondrent ou bien chantent, dansent, voyagent, se divertissent.

D'autres prennent conscience que le chemin peut s'arrêter brutalement et s'attachent à poursuivre la vie comme elle vient mais avec une envie décuplée de profiter de chaque instant pour se sentir vivant.

Et puis certains s'attellent à l'écriture pour ne jamais oublier, pour revivre les meilleurs moments, pour maintenir les souvenirs intacts, par envie ou par engagement, « comme promis ». Cet ouvrage en est le précieux fruit.

J'espère que vous ressentirez autant d'émotions que moi à vivre, revivre, ou découvrir certaines tranches de vie, que j'ai eu le plaisir de partager en partie.

Vous découvrirez aussi les facettes plus sombres du deuil, sans voyeurisme, mais avec une transparence et une pudeur parfaitement mesurées.

Des fous rires aux larmes, du rallye - passage obligé - aux voyages et balades, en passant par la vie de famille, vous naviguerez au gré du vent à travers l'océan des souvenirs. Et qui sait, peut-être vous retrouverez-vous dans le reflet de certaines vagues ?

Marc-Emilien

Il y a des choses qui sont impossibles à imaginer... jusqu'à ce qu'elles nous tombent dessus. Et pendant que je plongeais mes douleurs dans l'eau glacée de l'océan, chaque jour, en espérant pouvoir les atténuer, Maman a eu le courage de les écrire. Et de les affronter.

À travers « les fruits de l'écriture », elle nous partage non seulement son histoire, mais aussi ce lien si précieux qu'elle avait avec Pascal.

Elle nous fait sourire, à la lecture de certains de ces souvenirs; elle nous fait sentir chanceux, d'avoir pu connaître cet homme si « particulier ». Puis l'on en vient à s'interroger si, nous aussi, nous aurons un jour un lien si profond avec quelqu'un et si nous aurons, nous aussi, à surmonter cette redoutable épreuve.

Eve-Amandine

Admirable, souriant, gentil, marrant, bricoleur et dévoué, voici les mots qui me viennent à l'esprit quand je pense à toi.

Une de tes raisons de vivre m'a toujours impressionné : le rallye. Tu consacrais la majorité de ton temps à exercer ta passion avec des projets de plus en plus fous. Je me trouvais toujours émerveillé face aux histoires que tu nous narrais.

Je garde en tête tous ces souvenirs et un de mes plus grands rêves était de partager cette passion avec toi en montant à tes côtés dans le baquet de droite.

Cependant, une autre partie de toi m'a marqué: ton rôle religieux en tant que parrain, qui t'a été confié par mes parents. Notre relation n'était pas très démonstrative mais tu as toujours su être là pour moi.

Je te remercie pour tout ce que tu m'as apporté.

Je vous invite à découvrir ce recueil d'histoires et d'aventures écrit par celle qui a partagé sa vie. Au-delà des larmes que vous allez verser, des sourires que vous allez esquisser, des souvenirs que vous allez vous remémorer, vous garderez à la lecture de ce livre, la plus belle image de Pascal.

Alex

Notre dernier échange de SMS

— ...

— je le sais bien...

    et j'espère que ça portera ses fruits...

27 juin 2018

Un an déjà...

Une année complète à vivre avec ton absence...

Quatre saisons à écouter ton silence... mais pas les célèbres « Quatre saisons » de Vivaldi que tu appréciais...

12 mois avec des échéances difficiles à passer, douze mois avec cette envie de rayer le 27 chaque mois du calendrier...

52 semaines à haïr le mardi soir...

365 jours et 365 nuits sans toi...

23h20, cette heure où tout a basculé, cette heure avant laquelle, chaque soir, il m'est impossible de m'endormir...

Presque tous les jours à te parler là où tu reposes et à attendre, en vain... une réponse...

Tu aurais dû fêter tes 60 ans début avril de cette année mais tu n'étais plus là...

Il y a un an exactement, ce mardi 27 juin 2017, je rentrais juste après le déjeuner dans ta chambre d'hôpital et je ne te trouvais pas franchement en forme...

C'est vrai que, la veille, tu étais arrivé ici en urgence dans un état de faiblesse extrême mais ni toi, ni moi n'avions perdu l'espoir... l'espoir qu'ici, comme au premier jour où tu étais venu, une solution à ton problème soit trouvée. Nous t'avons quitté, notre fille et moi, en toute confiance, déjà reposé, espérant un meilleur lendemain...

Tout avait commencé 3 ans plus tôt quand le mot « cancer » était entré dans notre vie !

Il y a un an nous avons abdiqué bien malgré nous devant sa puissance destructrice...

Tu es entré dans notre vie par effraction

Tout commence ce lundi 22 septembre 2014 dans ce train qui m'emmène vers Reims. Je dois retrouver Pascal à la gare dans une demi-heure, je n'arrive pas à avaler mon sandwich, je suis un peu angoissée. Je m'attends au pire et à la fois j'espère vraiment me tromper. Le train s'arrête en chemin, on prend du retard, j'espère arriver à temps pour ce rendez-vous.

Il y a tout juste 30 ans, jour pour jour, je donnais naissance à notre fils Marc-Emilien. Déjà 30 ans, ça me parait une éternité et à la fois je m'en souviens comme si c'était hier. Huit ans plus tard, sa petite sœur, Eve-Amandine, est venue rejoindre le cocon familial. Nos deux enfants devenus grands ont pris leur envol et nous nous sommes retrouvés tous les deux, Pascal et moi, avec un planning toujours aussi chargé, des projets plein la tête, nous n'avions pas le temps de nous ennuyer... Pascal a repris depuis deux ans la maison familiale dans un petit village de Bourgogne proche du Morvan. Nous nous investissons beaucoup dans ce havre de paix qui nous plait vraiment et nous souhaitons y venir souvent, seuls, avec nos enfants, avec notre famille, avec nos amis, et nous y installer définitivement en retraite d'ici une dizaine d'années.

J'arrive à la gare avec une bonne demi-heure de retard, mais nous avions prévu large, Pascal m'attend et nous filons à la clinique. Le spécialiste doit nous recevoir pour nous communiquer les résultats. Ces derniers temps tout s'est enchaîné très vite. D'une douleur anodine pour notre médecin traitant de longue date, cette même douleur a pris une réelle importance aux yeux de cet autre médecin généraliste bien plus réactif. Examen médical, échographie, IRM, analyses de sang, tout a été concentré sur une semaine, et nous nous retrouvions mi-août avec un rendez-vous en urgence chez ce spécialiste qui a finalement pratiqué une biopsie il y a deux semaines.

J'ai accompagné Pascal jusqu'à la salle d'attente, il n'a pas exprimé le souhait que je sois avec lui pour les résultats. Je sais que c'est important que je sois là, surtout en cas de mauvaise nouvelle, mais je ne veux pas m'imposer... Je lui pose tout de même la question, s'il veut que je l'accompagne, il me fait remarquer que le patient précédent est entré avec sa femme, donc il ne s'oppose pas à ce que je l'accompagne.

L'attente n'est pas très longue, le spécialiste nous fait rentrer dans son cabinet. Soudain, la déflagration ne s'entend pas mais le coup porté est tellement violent que je vacille sur ma chaise et suis à la limite de perdre connaissance. Nous nous attendions au pire, mais la maladie est bien là et surtout, a déjà évolué... c'est un véritable choc... Le mot CANCER vient d'entrer dans notre vie, pour toujours, même si nous vivons une époque où l'espoir de guérison est grandissant. Pascal devra passer un examen complémentaire pour connaître le stade d'évolution du mal afin que le traitement soit adapté au mieux. Le spécialiste nous annonce déjà une trentaine de séances de radiothérapie. Nous avions jusque-là espéré qu'une intervention chirurgicale suffirait à enrayer le mal, mais celle-ci s'avère délicate, et se pratique, soi-disant, de moins en moins...

Nous sommes glacés à la sortie de ce rendez-vous, sans voix, sans force, sans perspective d'avenir, nous ne nous écroulons pas mais tout s'est écroulé autour de nous, même si le spécialiste s'est voulu rassurant, il est difficile finalement d'interpréter ses paroles, devons-nous rester optimistes ? Nous sommes anéantis, je conseille à Pascal de ne pas retourner au bureau, ce n'est vraiment pas l'endroit idéal pour prendre du recul. J'avais programmé d'aller flâner dans quelques magasins, je n'ai plus envie d'y aller mais Pascal souhaite m'y accompagner pour se distraire un peu. Cet après-midi-là, je n'ai pas la « fièvre acheteuse », tout me parait insipide, je reste suspendue à ce nouvel examen qui nous en dira plus... plus, mais pas trop, j'espère... au départ certains examens étaient rassurants et le risque de cancer se réduisait comme une peau de chagrin... et finalement il était là, bien présent, bien installé et surtout extrêmement agressif...

Nous rentrons à la maison et nous décidons d'aller à la piscine comme à notre habitude, j'ai promis à une collègue et amie de l'accompagner pour sa première séance, je ne me désiste pas.

Mais j'ai surtout la sensation d'avoir vécu cette journée comme un mauvais rêve... je pense que nous ne réalisons pas bien encore... Comment est-ce possible ? Pourquoi nous ? Pourquoi lui ? Effectivement cela n'arrive pas qu'aux autres !

J'ai envie de crier, de crier cette injustice, parce que s'il y a un moment dans la vie où nous sommes face à l'injustice, c'est bien quand survient la maladie...

Écrire

Écrire pour oublier

écrire pour se souvenir

écrire pour se libérer

écrire pour ne pas s'enfermer dans ses pensées

écrire la nuit pour défier les insomnies

écrire le jour pour combler le vide

écrire pour avoir moins peur de l'avenir

écrire pour rester soi-même

écrire pour soigner cette blessure d'abandon

écrire pour exprimer son désarroi, sa rage, sa colère, son impuissance face à l'absence

écrire pour tenir cette promesse d'écrire

écrire pour immortaliser tous nos instants de bonheur et ce dénouement de malheur

écrire comme toi de la main gauche pour ne pas être maladroite écrire des messages subliminaux

écrire au passé simple pour un futur compliqué

écrire pour jouer avec les mots et dompter les maux...

écrire, tourner la page et encore écrire...

Quelques semaines avant que tu ne nous quittes, j'avais découvert, alors que je préparais nos valises pour un de tes nombreux séjours à l'institut Curie, un cahier sur lequel tu t'exprimais dès que tu en ressentais le besoin, nous en avions parlé, tu m'avais conseillé d'en faire autant mais je n'en ai pas eu le temps... je n'ai jamais revu ton cahier sur lequel, d'un commun accord, tu écrivais en mon absence, ce que je respectais bien évidemment.

Ce cahier, je l'ai retrouvé après ton départ, ta dernière phrase était bouleversante :

*« Sois forte,
ce sera plus difficile pour toi que pour moi,
fais de l'écriture ta thérapie,
je sais que tu y arriveras »*

Ton blouson de cuir

Tu n'aimais pas offrir de cadeaux, tu aimais encore moins en recevoir. J'avais fini par l'accepter, nous étions complémentaires sur ce point-là et j'assumais toute la complémentarité puisque j'aimais rechercher toujours le cadeau idéal pour toute situation, le cadeau original, le cadeau qui ferait plaisir.

Pour tes quarante ans qui ne te réjouissaient pas, évidemment puisque que tu n'aimais pas les anniversaires non plus, je t'avais demandé de choisir ton cadeau.

Il est encore là sur le porte-manteau, il sera toujours là... suspendu comme le temps, ce blouson de cuir marron, à peine patiné tellement tu en prenais soin, je caresse parfois cette fleur de peau si douce, je hume son odeur de cuir mêlée aux effluves de lait de toilette pour bébé avec lequel tu l'entretenais, parfois je glisse mes mains dans les poches pour voir si tu n'y as rien oublié, je cherche ton parfum, un cheveu égaré...

Il est là sur le porte manteau, il y restera, j'avais hésité à te laisser partir avec, tellement tu l'aimais mais très égoïstement, j'ai préféré le garder parce que je l'appréciais aussi. Personne d'autre ne le portera car personne d'autre ne le portera aussi bien que toi, il te seyait si bien... ce blouson de cuir !

Le bleu de tes yeux

Je donnerais ma vie pour pouvoir encore une fois plonger mon regard dans le bleu de tes yeux!

Tu étais si fier de la couleur de tes yeux et si déçu de ne pas l'avoir transmise à tes enfants puisque je possédais le gêne dominant de la couleur « noisette ».

Croiser nos regards était l'un de nos moyens de communication préférés.

D'un seul regard, nous pouvions répondre à une question que nous n'avions même pas besoin de nous poser, déclencher le décompte d'un de nos défis les plus fous, s'accorder sur quelque chose, générer un fou rire, ou encore nous stopper l'un ou l'autre dans l'action à ne pas faire, aux paroles à ne pas dire... cette connivence, cette complicité parfaite acquise au fil des années de vie commune se traduisait dans un seul regard... dans le reflet de ton âme... dans le bleu de tes yeux !

J'aimerais quand même te dire
Tout ce que j'ai pu écrire
Je l'ai puisé à l'encre de tes yeux
....
J'aimerais quand même te dire
Tout ce que j'ai pu écrire
C'est ton sourire qui me l'a dicté
Tu viendras longtemps marcher dans mes rêves
Tu viendras toujours du côté
Où le soleil se lève
....
J'aimerais quand même te dire
Tout ce que j'ai pu écrire
Aura longtemps le parfum des regrets

de Francis Cabrel

La première fois

La première fois…

Celle que tu n'attends pas…

Celle que tu n'espères pas…

Celle à laquelle tu n'as jamais réfléchi…

Celle que tu repousses sans cesse à plus tard…

Celle que tu redoutes…

Cette première fois…

Cette première fois… où tu rentres chez toi…

Cette première fois où tu rentres chez toi… seule…

Tu te dis que tu ne pourras pas survivre au silence de son absence…

Tu t'interdis de penser pour pouvoir passer ce cap…

Tu fais trois détours, par la boulangerie, la pharmacie, la station d'essence, avant de rentrer...

Tu oublies sciemment quelque chose pour retarder le moment où tu vas rentrer seule chez toi...

Puis tu arrives chez toi et tu téléphones immédiatement à quelqu'un et tu dis que tout va bien parce que tu veux t'en persuader...

Tu n'as pas faim, tu pleures, tu allumes la radio mais tu ne veux surtout pas entendre cette musique, tu éteins la radio, tu allumes la télé mais tu ne la regardes même pas, tu essuies tes larmes, tu ouvres un livre, tu lis quatre fois la même phrase que tu n'arrives pas à retenir, tu es incapable de te concentrer, tu prends une douche, tu te rhabilles, tu vas faire un tour à pied puis tu rentres, épuisée, vidée et enfin tu vas te coucher...

Le lendemain matin, tu te dis que finalement tu as passé ce cap, un cap parmi tant d'autres à franchir dans les jours et les mois qui suivront...

Papillon de nuit

Qui n'a jamais scruté un bruit nouveau chez lui ? ou dans une nouvelle maison ? ou encore dans la location de vacances ?

Seule, dans la maison sans aucun bruit ou presque, je suis à l'affût d'en entendre un et je cherche à l'identifier absolument, pour me rassurer.

Une nuit de l'été qui a suivi ton départ, alors que je ne dormais pas, j'entends un bruit dans la chambre, un bruit que je n'identifie pas, je tends l'oreille, le bruit s'arrête, je tente de me rendormir, le revoilà puis disparaît et revient à nouveau. Il semble jouer à cache-cache... Est-ce un moustique, une mouche ?

Ahhhr cette fois j'en suis sûre, j'avais ouvert les volets et la fenêtre avant de me coucher, c'est sans doute un papillon de nuit qui est entré dans la chambre et qui s'est logé dans le piano.

Presque rassurée, je me lève pour l'éliminer. Je soulève le couvercle du clavier puis la partie haute du piano, rien, je démonte la partie basse, rien, je regarde avec une lampe dans tous les coins et recoins du piano, pas de trace du papillon de nuit.

Je me recouche.

Un quart d'heure plus tard, le bruit revient... Agacée, je me lève pour aller boire un verre d'eau dans la cuisine et quand j'ouvre la porte de la chambre, j'entends le lave-linge essorer, c'est vrai que je le programme souvent la nuit, mais je ne pensais pas profiter de cette onde vibratoire qui atteignait le piano et générait ce nouveau bruit enfin identifié !

Paradoxe de l'amour

Cet été 2015 qui a suivi ton traitement de radiothérapie, alors que tu allais mieux et que les examens médicaux nous laissaient plein d'espoir, tu m'as proposé de me rendre ma liberté, croyant peut-être que j'allais te quitter, à cause de cette p..... de maladie qui t'avait tout de même affaibli. Et pourtant je n'avais cessé d'être à tes côtés depuis une année pour te soutenir dans cette difficile épreuve.

Je ne saurai jamais pourquoi tu avais envisagé cette solution, pourquoi tu m'avais proposé un tel compromis. J'étais abasourdie, je n'arrivais plus à communiquer avec toi, parce que je ne voulais pas t'affronter, je ne voulais pas croire qu'on puisse en arriver là... Puis, deux jours plus tard, au cours d'une balade à la nuit tombée dans ce petit village bourguignon que nous appréciions tant, tu m'as finalement proposé, alors que nous nous étions pacsé un an plus tôt, que nous concrétisions devant Monsieur le Maire très vite.

Envahie d'émotion, je ne me souviens même plus de ma réponse à cette proposition aux antipodes de la précédente, qui s'est finalement révélée être vraisemblablement une fine stratégie de ta part.

Quatre mois plus tard, ce 28 décembre 2015, soit 13000 jours après notre première rencontre, nous nous sommes mariés dans la plus stricte intimité puisque seuls nos enfants, également témoins de notre union, étaient présents.

« Words can't say what love can do »   *Bon Jovi*

Le jeu de l'intrus

Je ne sais plus à quelle occasion nous avions créé ce jeu en famille. Tous les quatre à la maison, il suffisait que l'un de nous découvre un nouveau critère pour relancer ce jeu.

Celui qui d'entre nous quatre, était capable de prouver qu'il était l'intrus marquait un point, alors au fil du temps la liste des paramètres s'allongeait :

- couleur des yeux (pour ce premier critère, Pascal marquait toujours le point de l'intrus)

- cheveux longs ou courts (pendant quelques années, je marquais aisément ce point puisque paradoxalement, j'étais la seule à porter les cheveux courts d'entre nous quatre)

- prénom simple ou composé, commençant par une voyelle ou une consonne, une lettre précise

- port de lunettes, de bijoux

- jour, mois et année de naissance paire ou impaire, olympique ou non, région de naissance

- rouleur ou pas rouleur (prouesse qui consiste à rouler sa langue en forme de U aussi inutile que gratifiante)

- gaucher ou droitier

- ...

Je vous fais grâce de la totalité des paramètres possibles qui, bien sûr, sont personnels mais je suis certaine qu'au sein de vos familles, dès la lecture de ce chapitre, vous allez adopter ce jeu de l'intrus qui ne sert à rien, certes... seulement à jouer !

Le rituel du dimanche matin

Toutes ces années où nous avons habité à Châlons en Champagne, il faut bien reconnaître que nous ne restions pas souvent le week-end à la maison.

Alors, quand nous étions là, Pascal prenait un certain plaisir à aller à vélo chercher le pain et le journal.

Un dimanche matin, le voilà de retour de la boulangerie, et je lui demande :

— tu as pris le journal ?

— euhhh, oui mais j'ai dû l'oublier sur le porte-bagages du vélo !

Mais Pascal ne trouve plus le journal.

— ahhhr je suis sûr de l'avoir acheté, j'ai dû l'oublier sur le comptoir à la boulangerie, j'y retourne !

Pour retourner à la boulangerie, il fallait passer par une autre rue puisque l'aller et le retour étaient tous les deux à sens unique.

De retour à la boulangerie, la boulangère est persuadée que Pascal est bien parti avec le journal mais finalement, dans le doute, elle lui en donne un autre.

Pascal enfourche son vélo, et sur le chemin du retour, soudain, il aperçoit dans la rue des feuilles d'un journal qui se sont vraisemblablement envolées et qui maintenant jonchent le sol, une par-ci, une par-là, il comprend qu'il avait bien perdu le précédent journal et s'empresse de ramasser toutes les feuilles éparpillées dans la rue...

On a bien ri cet après-midi-là

Lorsque j'étais arrivée cet après-midi-là dans ta chambre, j'avais constaté immédiatement que tu n'étais pas bien. Ce que nous redoutions autant l'un que l'autre c'était le recours à la morphine, et là, la pompe à morphine était installée et tu devais choisir ton dosage en cliquant toi-même mais tu avais décidé de ne pas le faire. Alors le médecin m'avait conseillé de le faire discrètement à ta place puis tu t'étais endormi.

A ton réveil, ton frère et ta belle-sœur étaient là et nous avons discuté tous les quatre pendant presque deux heures. Tu nous as fait beaucoup rire, nous racontant tes innombrables anecdotes, et toujours avec la même dérision tes soucis à propos d'une prime exceptionnelle qui t'était due, dont on te promettait le versement chaque mois et qui n'arrivait toujours pas...

Nous avons pu constater que le rire est souvent salvateur et inhibe toute forme de stress. Il agit également sur la douleur et apporte ce bien-être immédiat en nous projetant juste dans l'instant présent. Nous étions tous sereins.

Et puis tu nous as parlé de tes projets de voiture, tu envisageais de racheter une voiture ancienne pour goûter aux joies des rallyes historiques, mais tu confondais les voitures, les personnes, les dates, les lieux... Tout cela te faisait rire et ton rire était très communicatif, tu prenais la peine de rectifier les informations à chaque fois, nous pensions que, sous l'effet de la morphine, tes idées étaient devenues confuses mais le pire était à venir quelques heures plus tard, dans la soirée, juste avant minuit...

Vous connaissez la suite...

L'irréversibilité

Comment cette déchirure pourrait-elle un jour se refermer ? Combien de temps ce chagrin indicible va-t-il perdurer ?

Je suis là à regarder ta photo sur laquelle tu souris, dans ce cadre sur la cheminée, et je réalise soudain que tu ne me regardes plus, tu n'entends plus, tu ne touches plus, tu ne sens plus, tu n'écoutes plus, tu ne respires plus, tu ne parles plus... plus rien, le néant pour toujours... Comment est-ce possible ? Comment croire que tu ne reviendras pas ? Comment gérer ton absence ?

Alors les larmes me viennent, ma vue s'embue, je ne vois plus, je ne parle plus, je n'écoute plus ce qui se passe autour de moi, je ne vis plus... Et puis, je réalise à chaque fois que j'ai la chance d'être encore là. Alors je me relève et je m'active pour ne plus penser, pour ne plus te voir, pour ne plus t'entendre, pour ne plus pleurer...

Une chanson fait revivre un souvenir
Les questions sans réponse ça c'est le pire
....
Est-ce que tu m'entends? Est-ce que tu me vois?
Qu'est-ce que tu dirais, toi, si t'étais là ?
Est-ce que ce sont des signes que tu m'envoies ?
Qu'est-ce que tu ferais, toi, si t'étais là ?
....
Je me raconte des histoires pour m'endormir
Pour endormir ma peine et pour sourire
....
Je m'en fous si on a peur que j'tienne pas le coup
Je sais que t'es là pas loin, même si c'est fou ...

de Louane

« Mon fils »

Pascal s'était longtemps fait « tirer l'oreille » pour m'accompagner à l'aquagym deux soirs par semaine, parce qu'il pensait que c'était un sport de « vieux » alors que ce cours était très tonique, et les nombreux exercices « sans avoir pied » dans une eau relativement fraîche nous permettaient de nous défouler et nous muscler dans une ambiance extrêmement conviviale. Il faut bien dire que la présence des hommes y était fort remarquée car ils n'étaient que trois ou quatre alors que nous étions une petite centaine de femmes et Pascal, surnommé « le dauphin », y régnait en véritable maître !

Ce soir de février 2012, alors que Pascal avait rencontré un ami dans les vestiaires, j'étais montée au bord du bassin sans l'attendre et là, quelqu'un me demande :

— tu n'es pas venue avec ton fils ?

Devant mon air médusé, elle me répète la question. Surprise, je lui réponds que mon fils habite à plus de 500 kilomètres et ne vient jamais avec moi à la piscine.

Elle insiste et me dit :

— tu viens bien avec un garçon à chaque séance à la piscine?

— ...

Ahhh ouiiiii!!! Ce garçon dont elle parlait, cet enfant, c'était bien Pascal !

Ce soir-là, aussitôt rentrés de la piscine, mon « fils » est allé au lit directement et je ne lui ai même pas lu d'histoire !

Je ne me suis jamais sentie aussi mâle

Je ne suis pas une adepte du féminisme, je ne prône pas l'absolue égalité homme-femme parce que j'estime que nous pouvons vivre ensemble sans maître, sans sentiment de supériorité ou d'infériorité, en harmonie absolue et j'apprécie d'ailleurs de cultiver nos différences, entre les hommes et les femmes.

C'est sans doute plus facile de s'exprimer ainsi quand le partage a été le leitmotiv du couple.

D'un point de vue purement matériel et pragmatique, il est préférable que chacun s'adonne aux tâches en fonction de ses envies et surtout de ses compétences en ayant toutefois un minimum de notions de ce que fait l'autre !

Mais quand est venue l'heure de me retrouver seule, j'ai dû relever les manches et forte des enseignements que Pascal m'avait inculqués au fil du temps, j'ai relevé ce défi de m'atteler aux tâches plus spécifiquement masculines chez nous.

Certains travaux comme tondre l'herbe, élaguer les arbres fruitiers, scier une planche, maçonner, poser du carrelage, visser, dévisser, transporter toutes sortes d'objets, de cartons, de meubles, charger le fourgon, le décharger, mais aussi démonter ou remonter les roues de la voiture, faire la pression des pneus... n'ont désormais plus de secret pour moi, même si paradoxalement, j'hésite encore à me servir de certains outils pourtant simples à utiliser, me dit-on parfois, que je ne maîtrise pas du tout comme la perceuse alors que je me sers d'une tronçonneuse sans aucune appréhension.

Si Pascal disait parfois, d'un ton humoristique, quand il me voyait m'atteler à des travaux qui lui incombaient : «*j'ai l'impression que ma femme, c'est un vrai mec*», il ne serait donc pas étonné aujourd'hui de ma prise en charge de tous ces travaux à effectuer, même si je dois bien avouer que, parfois, je m'essouffle devant la multiplicité et quelquefois la complexité de toutes ces tâches qui deviennent difficiles et épuisantes, avec cette sensation de ne jamais en finir...

Novembre

S'il est un mois détesté de tous, c'est bien le mois de novembre. Sur ce point, nous étions bien en phase avec le commun des mortels, je n'aimais pas vraiment ce mois de novembre même si c'est un mois qui m'a souvent réussi, et Pascal détestait ce mois de novembre.

Novembre correspondait le plus souvent avec le début de la trêve pour le sport automobile et, commençait ainsi la saison de changement de monture ou de révision de la voiture, de réflexion, de recherche de budget pour la saison suivante, parfois de doute et de remise en question... cet arrêt soudain de toute compétition automobile était la période la plus sombre de l'année, aussi sombre que cette nuit qui, soudain tombait plus tôt après le récent changement d'heure à la fin octobre.

Et ce mois de Novembre arrive avec la Toussaint et la fête des morts, ces moments de retrouvailles pour se souvenir des absents, où toutes les générations s'unissent et se transmettent de façon singulière l'histoire de leur famille dans une farandole de chrysanthèmes, moments forts mais pas toujours des plus joyeux.

Ce sombre Novembre est pris en étau entre cet Octobre automnal, encore lumineux teinté de couleurs chatoyantes et Décembre qui offrira vraisemblablement le scintillement de la neige et les lumières de Noël !

Novembre c'est aussi ce mouvement Movember, né en Australie en 2003, où pendant un mois, les hommes du monde entier sont invités à se laisser pousser la moustache dans le but de sensibiliser l'opinion publique et de lever des fonds pour la recherche dans les maladies typiquement masculines telles que le cancer de la prostate.

Et puis malheureusement novembre 2016 signera le terrible retour de la maladie pour Pascal...

Au bout du rouleau

Pascal était latrinapapirophile ! Comment ça, vous ne savez pas ce que cela signifie ? Si parfois, l'adjectif associé à un collectionneur est bien difficile à trouver, celui-ci a le mérite d'être relativement décryptable :

« Latrina » comme latrines (ancêtre des toilettes modernes), « papiro » comme papier et « phile » qui aime...

Donc Pascal était un collectionneur de rouleaux de papier toilette, de surcroît, vides, enfin, je ne sais pas s'il était vraiment collectionneur mais j'ai voulu, un jour, vérifier la différence entre l'inné et l'acquis chez l'humain au masculin.

Combien de fois ai-je retrouvé un rouleau de papier de toilette vide dans les toilettes, il était pourtant simple de le prendre et de le jeter dans la poubelle ! J'avais beau lui dire, et lui répéter, je retrouvais régulièrement le cylindre en carton, support du papier toilette, abandonné dans les toilettes, mais soigneusement posé.

Alors, un jour, j'ai décidé de ne plus jeter ces rouleaux vides laissés inlassablement par Pascal dans les toilettes. Au fil des jours, je me suis efforcée de ne pas intervenir pour voir s'il allait s'en rendre compte et enfin se décider à les jeter.

Je n'ai pas craqué même si cela a été difficile pour moi de voir s'amonceler les rouleaux vides. Ah ! Ils ne jonchaient pas le sol non plus mais étaient soigneusement rangés sur le petit meuble, et puis un jour, alors que le nombre de rouleaux vides allait frôler la douzaine, Pascal sort des toilettes et m'interpelle :

— Je ne savais pas que tu gardais les rouleaux de papier toilette vides, tu vas en faire quoi ?

— Euhhhh, comment te dire ?

Refaire sa vie

Il y a deux expressions simplistes et réductrices, que je déteste par-dessus tout.

« Ils se sont mariés parce qu'elle était enceinte »

« Il ou elle va refaire sa vie »

Nous avions réussi à échapper à la première même si, lorsque j'attendais notre premier enfant (et notre deuxième également), nous n'étions pas encore mariés. Alors j'aimerais échapper aussi à la deuxième expression, tout simplement parce qu'on ne refait pas sa vie, on n'efface pas d'un revers de la main trente-sept ans de positivité. Pourquoi referait-on sa vie ? la vie bascule puis continue avec les difficultés qu'on découvre. La vie continue autrement sans l'être cher, même si c'est extrêmement difficile, même si dans cette épreuve on tente de se reconstruire.

La vie continue malgré tout, le chemin est semé d'embûches, il faut sans cesse avancer, parfois à petits pas, parfois à reculons, mais avancer pour ne pas sombrer, avancer doucement pour ne pas tomber, avancer comme à bicyclette pour garder l'équilibre, aller vers l'avant, se donner de nouveaux repères, se fixer de nouveaux objectifs, se créer parfois un autre univers...

La douleur de te perdre a été quelque part ma force pour ne pas me perdre, pour continuer sur le chemin de la vie sans toi, même si je me retrouve avant même d'avoir eu le temps d'y réfléchir à gérer des affaires qui n'auraient pas dû m'incomber si tôt, mais je n'oublie surtout pas toutes nos promesses...

Si la plus espérée devenue irréalisable, était de vieillir ensemble, je m'appliquerai à réaliser tous les projets matériels définis ensemble :
- j'ai gardé « ta » maison, et je suis revenue vivre dans « notre » Bourgogne, puisque je te l'avais promis,
- j'entretiens le jardin, le « clos », le verger et tes arbres, puisque je te l'avais promis,
- j'envisage d'acquérir ce petit terrain boisé au-dessus du verger pour faire construire une cabane dans les bois pour tes petits-enfants, puisque je te l'avais promis,

- je créerai cette mosaïque autour de la fontaine, puisque je te l'avais promis,

- je ferai installer le mirador tout en haut du verger pour admirer ce panorama que tu aimais tant, sur tout le paysage de l'Avallonnais, du Vézelien et du Morvan, sur cet horizon apaisant et ressourçant, puisque je te l'avais promis,

- je retournerai en Corse, en Bretagne, à l'Ile de Ré, en Roumanie, dans le Jura, dans les Alpes, dans le Forez, à Milan et aux lacs italiens... dans tous ces lieux où nous avons passé de si bons moments, puisque je te l'avais promis,

- j'irai en Californie, au Québec, en Slovénie où nous rêvions d'aller, puisque je te l'avais promis,

- j'aménagerai cet espace d'exposition avec la vieille moto de ton grand-père et d'autres objets de collection, puisque je te l'avais promis,

- j'ai planté ce cassissier et ce figuier que tu voulais, les pivoines que tu aimais, puisque je te l'avais promis,

- j'ai installé la ruche que tu préconisais pour une meilleure pollinisation de tes arbres, puisque je te l'avais promis,

et que sais-je encore...

puisque je te l'avais promis !

La Nationale 93

Un week-end pas comme les autres, nous sommes allés en spectateurs voir notre fils, copilote en rallye sur terre, rouler dans le Diois. Comme nous avions réservé un hôtel peu de temps avant l'épreuve, nous n'en avions trouvé un qu'à une heure de route.

Le dimanche matin, nous sommes partis accompagnés de notre ami Claude, ancien copilote de Pascal, un peu en retard de l'hôtel pour prétendre être à l'heure dans la toute première épreuve spéciale chronométrée du jour.

Pascal roule donc ce dimanche matin-là assez vite mais sans commettre la moindre imprudence, la moindre infraction. Lorsqu'il était concentré, il adoptait une conduite respectueuse du code de la route que le commun des mortels aurait jugée dangereuse alors qu'il exploitait au maximum la voiture et les trajectoires pour perdre le moins de temps possible comme le ferait un navigateur en mer en choisissant le meilleur vent.

Sauf qu'il y a beaucoup de trafic sur cette route ce matin-là, avec des conducteurs qui font aussi n'importe quoi, comme s'arrêter sans clignotant, freiner de façon intempestive sans raison apparente, Pascal a dû ainsi doubler de nombreux véhicules, jusqu'au moment où un 4x4 débouche devant la voiture en grillant un stop ! Pascal, très réactif, le double en toute sécurité dans la foulée mais le virage suivant étant très proche, il choisit donc de donner un coup de volant pour placer la voiture et mieux la maîtriser dans ce virage à gauche qui semble se resserrer, la voiture part dans une belle glisse des quatre roues, et à la sortie du virage, au milieu de la route, un gendarme...

Pascal comprend instantanément que c'est bien évidemment pour lui et s'arrête un peu en catastrophe sur le parking.

— Bonjour, Gendarmerie Nationale !

— Bonjour !

Le gendarme, d'un calme sans faille, s'adresse à Pascal dans un langage bien réfléchi:

— Est-ce que vous pensez que la Nationale 93 s'apparente à un circuit de rallye ?

— euhhhh non !

— Et vous rouliez à combien ?

Et là Pascal, avant de répondre, se retourne quelques instants pour juger le virage tout comme il le faisait lors des reconnaissances de rallye, réfléchit, hésite un peu et répond:

— 90 !

— Je ne doute pas de vos qualités de pilote mais nous, on passe là tous les matins et on ne passe pas à cette vitesse-là !

Comme je suis à l'arrière de la voiture, j'aperçois dans le rétroviseur que Pascal esquisse un sourire, il nous dira plus tard que, heureusement que les gendarmes ne passent pas ce virage à 90 en glisse des quatre roues avec le Renault Trafic.

Le gendarme réclame les papiers du véhicule et le permis de conduire de Pascal et part rejoindre son collègue pendant un certain temps qui nous paraît extrêmement long mais qui nous laisse le temps de réfléchir à l'éventuelle sanction.

Le gendarme revient et dit à Pascal:

— je ne sais pas si vous êtes un excellent pilote ou un danger public mais, en tous cas, de nombreux conducteurs qui viennent de passer, en voyant qu'on vous avait arrêté, nous ont fait ce signe d'approbation (le pouce levé et le poing serré) !

Le gendarme tend les papiers à Pascal et lui ordonne de partir sans attendre :

— Allez-y !

Dans un grand soulagement, Pascal n'hésite pas une seconde et reprend la route, un peu perplexe, mais reconnaissant de la grande clémence de ce gendarme.

Ouf! Fin de l'aventure ou presque, puisque nous avons doublé pour la troisième fois un même véhicule, une première fois au début du trajet, une deuxième fois après notre arrêt à la boulangerie puis une troisième fois après l'arrêt par la gendarmerie.
Comme disait souvent Pascal :
« y'en a qui s' traînent vraiment ! »

Ce dimanche-là, notre apparition au rallye fut relativement brève puisque notre fils et son pilote avaient déjà abandonné dans la première épreuve chronométrée du jour !

Un couple absolument imparfait

Quand deux êtres humains s'engagent à vivre ensemble, ils ne savent pas si ce sera pour la vie ou pas...

Certains naviguent à vue, au gré des courants, d'autres préparent leur itinéraire, le jalonnent, se donnent des caps à franchir. Nous avions, dès le départ, choisi, bien évidemment, vous l'aurez deviné, de naviguer à vue, parce que la mer n'est pas toujours calme, le bateau pas toujours stable, les destinations parfois aléatoires, et même en pleine mer d'huile, un obstacle peut survenir et quand tout ne se passe pas comme prévu, cela pourrait devenir une véritable catastrophe. Naviguer à vue nous a permis de garder un certain équilibre, d'inverser la tendance quand il le fallait, de pallier les problèmes juste au moment où ils surviennent, d'improviser parfois pour le plaisir ou par simple nécessité absolue mais ceci nous a permis aussi d'arriver toujours à bon port en toutes circonstances.

Attention, loin de moi l'idée de condamner la façon de vivre de chacun, puisque chacun vit la vie qu'il entend, mais notre choix a été aussi quelquefois difficile à assumer, non pas pour nous, mais aux yeux des autres, mais c'était NOTRE choix et nous avons toutefois pris la peine de nous entourer des garanties nécessaires et vitales dans un couple, ce qui rendait notre duo encore plus énigmatique puisque nous aimions conjuguer la désinvolture et la raison et jouer avec cette ambiguïté ou plutôt cette ambivalence.

Loin d'être infaillibles, nous n'avons jamais tenté non plus de résoudre la problématique insoluble de la quadrature du cercle - *construire un carré de surface rigoureusement équivalente à celle d'un cercle uniquement avec une règle et un compas – exercice qui se révèle pour ainsi dire impossible* - nous aurions sans doute préféré illustrer la « cerclitude du carré » ou plus encore, avec cette vision dans l'espace, en trois dimensions, la « sphéritude du cube ou de tout autre polyèdre ».

Nous étions plus enclins à arrondir les angles, tant les angles aigus, vifs et parfois blessants, que les angles obtus qui, à l'image des gens, manquent de finesse et de malléabilité.

Dans notre bulle, notre vision des choses s'est donc affirmée au fil du temps.

Nous n'avions pas la prétention de détenir les clés du couple parfait, loin de là, mais comme nous n'avions pas souhaité, dans un premier temps, nous engager « officiellement », tout reposait sur des bases que nous avions nous-mêmes définies et qui nous servaient de boussole, de compas, de guide aussi bien par beau temps qu'en cas de tempête.

Mais l'expérience nous a aussi prouvé, qu'être différent ça dérange les autres, et ils ne cessent de nous pousser à fonctionner comme eux. C'est exténuant de devoir sans cesse contrecarrer, se justifier, s'expliquer, rester libre de ses mouvements et de ses pensées, face à cette pression sociale normative omniprésente !

« Le secret du bonheur…, c'est de vivre comme tout le monde, en n'étant comme personne. »

de Simone de Beauvoir

Nous ne voulions pas recevoir de leçons des autres, quitte à foncer droit dans le mur, et nous interdire quelque chose réveillait en nous cette envie constante de transgresser. Le modèle social « ordinaire » à suivre était pour nous bien plus contraignant que rassurant.

Nos valeurs communes et nos objectifs communs n'excluaient pas les divergences. Parfois quand l'un de nous adorait, l'autre abhorrait... et vice-versa ! Mais nous voulions rester nous-mêmes, nous étions plus adeptes de la complémentarité que de la symbiose.

Renforcé par la confiance, notre duo était tout aussi tolérant qu'intransigeant l'un envers l'autre.

Notre accord parfait trouvait sa source dans le respect de l'autre doublé d'une fidélité sans écueil.

Enfin « on communiquait sur tout mais surtout on communiquait ! », ce qui surprenait souvent notre entourage car nous avions constamment quelque chose de nouveau à partager, même si, paradoxalement, nous donnions plutôt l'image de vivre l'un à côté de l'autre en toute indépendance.

C'est cette grande complicité partagée qui me manque aujourd'hui.

La leçon que j'en aurais retenue, c'est que la communication est essentielle au sein du couple même si elle n'est pas toujours aisée, rien n'est inné et rien n'est jamais acquis.

Reconnaître et comprendre, ou parfois tenter de comprendre, les sentiments et les émotions de l'autre, se mettre à sa place, tout simplement éprouver de l'empathie impose une bonne connaissance de la personne avec laquelle on vit, une grande disponibilité, une franche humilité, une totale abnégation, un respect mutuel, un travail sur soi parfois difficile mais tous ces ingrédients réunis au fil du temps chez l'un et chez l'autre apportent une harmonie certaine dans l'espace protégé du couple.

Bien s'entendre ne suffit pas, on doit écouter l'autre et pas seulement l'entendre, s'écouter et se parler, en privilégiant le positif, on a tous malheureusement plus tendance à exprimer des choses négatives plutôt que des choses positives. « Toute ressemblance avec des personnes existantes ou ayant existé est purement fortuite. »

Enfin, je finirai par ce point, le plus important à mes yeux, à nos yeux, nous avons aussi exercé le plus difficile et le plus ingrat des métiers qu'il soit dans ce monde, celui de parents, auprès de nos deux enfants : se sentir responsable de leur vie, s'inquiéter pour eux, pour leur santé, pour leur bien-être, leur épanouissement, prendre les bonnes décisions, leur permettre de découvrir la musique, le sport mais aussi sévir ou laisser aller, culpabiliser, rester objectifs, transmettre nos valeurs, s'assurer qu'ils obtiennent le meilleur, savoir partager de bons moments avec eux, écouter leurs demandes, répondre à leurs besoins, les rendre autonomes... et accepter leurs envols !

Quand 2 et 2 font 5

S'il y a bien une seule matière que Pascal a dû travailler avec un certain plaisir à l'école, ce sont les mathématiques. Son appétence et son goût pour les « maths » ne faisait que renforcer son esprit cartésien, sa logique implacable, son souci de précision et son réel pragmatisme.

Bien avant que je ne le connaisse, alors qu'il était encore enfant, Pascal jouait, en famille, au Nain Jaune. Ce jeu « convivial » nécessite un jeu de 52 cartes, des jetons et un plateau de jeu séparé en cinq cases représentant le 10 de carreau, le valet de trèfle, la dame de pique, le roi de cœur et le 7 de carreau, cette dernière carte est appelée « le Nain Jaune ». C'est un jeu de hasard raisonné car il mêle les aléas de la distribution des cartes et la stratégie de la construction des suites. Au début de la partie, chaque joueur place une mise dans chaque case, une mise composée de jetons, le jeton rond valant 1, le petit rectangle valant 2 et le plus long rectangle (double de taille du petit rectangle même si la logique mathématique n'était pas respectée, ce détail est important !) valant 5. Le but du jeu est de se débarrasser de ses cartes le plus rapidement possible, en les défaussant dans l'ordre, de l'as au roi, sans distinction de couleur et lorsqu'un joueur joue l'une des cinq cartes du plateau, il ramasse alors les mises contenues dans la boîte correspondant à sa carte.

Mais Pascal s'était révélé assez mauvais joueur et il n'aimait pas perdre.

Alors, une fois, qu'il était sans doute en train de perdre la partie, il s'était fâché et avait cassé un jeton valant 5 en deux, le réduisant en deux morceaux équivalents aux jetons valant 2 et avait ainsi réduit la valeur et privé ses adversaires de la totalité des points.

Mauvais joueur mais déjà calculateur !

Le jaune t'allait si bien

Même si ce n'était pas ta couleur préférée, c'est celle qui t'a été le plus souvent associée !

Je vous arrête tout de suite sur l'interprétation souvent négative de cette couleur, on ne vit plus à l'époque médiévale où on associait le jaune aux menteurs, aux trompeurs et aux infidèles.

Cette couleur jaune, symbolise intrinsèquement la chaleur et la lumière à l'image du soleil.

Et pourtant je cherche encore à interpréter l'un de tes dessins du collège, où tu avais colorié le soleil en noir... même le professeur qui t'avait toutefois gratifié d'une bonne note, s'était interrogé sur cette signification.

Tout jeune, tu passais de longues heures à jouer avec ton cousin, chacun avec votre camion jaune en Lego, ce camion que tu as toujours gardé comme un trésor.

Quand je t'ai connu, aussi surprenant que cela puisse paraître, tu n'avais pas de voiture... enfin, elle ne roulait pas puisqu'elle était en réparation.

Cette Renault 5, sans doute l'une des voitures que tu as gardée le plus longtemps était jaune.

La combinaison de pilote jaune que tu as portée de nombreuses années est une image que beaucoup gardent de toi et qui coïncidait avec la période où tu avais les cheveux longs et la natte.

Ta Clio Williams de rallye a d'abord été rouge avant que tu ne la fasses repeindre en jaune citrine! La Peugeot 205 uniquement dévolue aux rallyes sur terre, même si tu n'avais pas choisi la couleur, était jaune également.

Mais c'est surtout la couleur de ce camion-atelier que tu as gardé plus de 15 ans, la moitié de ta carrière sportive, qui restera dans les annales, au point de générer cette citation « connu comme son camion jaune ».

Malheureusement, ce jaune t'a poursuivi lorsque cette maladie est revenue, ton taux de bilirubine, ce pigment jaune dont l'accumulation anormale dans le sang génère un ictère, a été tellement extrême que les infirmières de la clinique où tu as été opéré en urgence t'appelaient « *petit poussin* ».

Le matin de Noël

Jamais depuis ma plus tendre enfance, jamais je ne m'étais levée seule le matin de Noël.

Ce matin-là a été terrible ! Mon fils m'avait invitée à venir passer le réveillon de Noël à Saint-Etienne avec sa belle-famille mais je n'avais pas eu le courage de faire autant de kilomètres pour cette seule soirée puisque nous nous réunissions dès le lendemain le jour de Noël en famille en Bourgogne.

J'avais pensé avoir l'opportunité de partir quelque temps pour les fêtes chez ma fille en Californie mais mes congés pour cette période n'avaient pas été acceptés.

J'ai passé la plupart des Noël à Lormes au sein de ma famille, même lorsque nous étions tous les deux puis avec nos enfants. Nous fêtions d'ailleurs deux fois Noël, une fois à la maison quelque temps avant Noël pour que les enfants profitent de leurs cadeaux, puis le jour de Noël à Lormes.

Jamais je ne m'étais retrouvée seule le matin de Noël.

Les fêtes sont des moments difficiles à vivre quand on a perdu un être cher.

J'ai craqué également le 31 décembre, au moment de quitter 2017, cette année qui marquera ma vie à tout jamais de ce vide incommensurable, de cette blessure qui ne se referme pas, de ce chagrin indicible, j'ai craqué parce que j'ai eu l'impression d'abandonner définitivement Pascal dans cette année 2017, lui qui ne connaîtra jamais 2018 et les années suivantes...

Les fêtes, les anniversaires, les nôtres et ceux des autres n'auront plus jamais la même saveur sans lui.

Echos de rallye

Dire que Pascal aimait le sport automobile relèverait du pléonasme et il n'aurait pas été concevable d'écrire un seul mot à propos de sa vie sans évoquer le rallye. Initié très jeune par son frère, bercé dans l'automobile toute son enfance et son adolescence, Pascal et le rallye ne faisaient souvent plus qu'un, il a participé à plus de 200 rallyes et à près de 400 épreuves de sport automobile toutes disciplines confondues en trente ans de carrière, soit la moitié de sa vie.

Nous partagions cette passion, voire cette addiction, qui nous a fait vibrer de nombreuses années... J'aurais pu écrire une centaine de chapitres pour conter le nombre impressionnant d'anecdotes vécues... mais je me contenterai d'évoquer les anecdotes les plus cocasses, les plus drôles ou les plus marquantes !

Moins d'une semaine avant qu'il ne nous quitte, Pascal s'était exprimé sur les réseaux sociaux pour annoncer qu'il différait son retour en compétition à la saison suivante et dans la foulée, il avait souhaité que je le conduise au garage pour sortir la Clio R3 juste pour le plaisir d'entendre « *sa voix* » comme il disait !

Comment ne pas commencer ce chapitre par ce fameux « 49.1 »! Pascal avait réalisé un temps « canon », comme on le dit dans le jargon du rallye, dans une épreuve chronométrée courte, sinueuse, principalement en montée, du rallye des Vins de Champagne. Il connaissait ce parcours par cœur tout simplement parce que, dans le cadre de son travail, il passait souvent à proximité et à chaque fois, il se régalait de parcourir cette portion de route. Donc, cette année-là, il avait même poussé le vice jusqu'à couper les phares, à la nuit tombée, dans les lignes droites, pour gagner de la puissance ! Un excellent temps de 1mn49.1 lui avait été crédité et l'avait propulsé en haut du classement. Mais certains concurrents avaient vu d'un mauvais œil cette « énorme » performance au regard des meilleures autos bien plus puissantes, performance qui avait fait beaucoup jaser. Un ami avait, suite à cette performance, fait confectionner des autocollants « 49.1 » pour illustrer cet exploit dont on a parlé pendant des années et dont on parle encore !

* * * * * * *

Marc-Emilien, pour la 1ère fois en duo avec son père sur le rallye des Vins de Champagne, oubliait son carnet de notes sur la table du pointage de sortie de parc et ne s'apercevait de son oubli qu'au départ de l'épreuve spéciale. Qu'à cela ne tienne, Pascal était rassuré car il connaissait bien le terrain et Marc-Emilien maîtrisait et récitait les notes par cœur...

* * * * * * *

Avant même que Pascal ne se consacre uniquement aux rallyes, il avait fait ses armes en slalom et en course de côte, il avait d'ailleurs été le premier français à se qualifier la même année aux trois finales des coupes de France des slaloms, des courses de côte et des rallyes, en 2002.

Un été, nous avions allié vacances et sport automobile et il avait participé à la course de côte d'Etretat. Comme à son habitude, il avait vite lié connaissance avec les pilotes locaux, et avec humilité et sincérité, les avait rassurés sur ses objectifs, qu'il était venu rouler ici uniquement pour découvrir et se faire plaisir. Or, dès les premiers essais chronométrés, Pascal devançait de plus de trois secondes tous ses concurrents directs... Un pilote l'attendait en haut de la côte et lui dit : « *t'es passé par où ? Parce que, si toi, ça t'amuse de venir rouler chez nous, nous, ça ne nous amuse pas vraiment* ». L'ambiance s'était, par la suite, détendue...

* * * * * * *

Les reconnaissances de rallyes ont souvent été le théâtre d'aventures peu ordinaires dont on ne se vante pas toujours mais j'estime aujourd'hui qu'il y a prescription. J'ai participé plusieurs fois à la prise de notes, ou l'ajustement et la relecture de notes en reconnaissances de rallyes pour pallier l'absence ou l'indisponibilité du copilote du moment mais je n'ai jamais occupé le baquet de droite en rallye. Marc-Emilien, dès son plus jeune âge, a lui aussi effectué des reconnaissances avec son père... Une fois, alors que notre fils n'avait pas encore 10 ans, ils avaient croisé les gendarmes ou plutôt, réussi à les croiser avec brio et finalement, ils étaient rentrés directement à la maison sans terminer les reconnaissances, ni traverser le village, centre névralgique du rallye... nous avions appris, plus tard, que les gendarmes avaient recherché une voiture dont les caractéristiques étaient très proches de celle de Pascal...

* * * * * * *

Lors de reconnaissances d'un rallye dans les Ardennes, à l'époque où celles-ci n'étaient pas encore réglementées... Rémy, le copilote, était venu de Bourgogne avec un autre équipage et les deux voitures se suivaient. Le premier équipage roulait un peu vite, et, après avoir passé le sommet d'une bosse, se retrouve au beau milieu d'un troupeau de vaches qu'un couple d'agriculteurs menait au pré ! Les amis qui nous précédaient, auraient aimé nous prévenir parce qu'ils se doutaient que Pascal arriverait vite également... mais à l'époque, pas de téléphone portable, pas question de faire demi-tour... donc ils continuaient leur route, en « priant »... Evidemment, on fait le « remake » du premier équipage, on arrive à vive allure à la bosse et comme le troupeau n'a pas encore rejoint le pré, bonjour les vaches... On s'arrête, on tente de se faire discrets même si c'est trop tard. Pascal ouvre timidement sa vitre pour s'excuser et là, les personnes qui conduisent le troupeau, à notre grande stupéfaction, nous accueillent les bras ouverts, trop contents qu'on vienne de si loin faire un rallye chez eux, ils aiment ce rallye qui crée de l'animation, et ils nous proposent de nous arrêter chez eux si nous avions besoin de quoi que ce soit. Les temps changent, je pense sincèrement qu'aujourd'hui on se ferait lyncher.

* * * * * * *

Lors d'un rallye en Normandie, nous ne disposions pas de voiture pour effectuer les reconnaissances, seul le fourgon était disponible. Un des concurrents de Pascal lui proposait de lui prêter sa voiture sportive mais souhaitait être présent lors des reconnaissances. A son grand étonnement, le propriétaire ne pensait pas qu'il était possible de passer aussi vite dans certaines portions du parcours. Le lendemain, d'autres concurrents de Pascal et du propriétaire de la voiture s'étonnaient et maugréaient à propos de la soudaine et fulgurante progression de ce dernier en rallye. Il avait, semble-t-il, retenu la leçon et même Pascal dut rester vigilant pour ne pas se retrouver derrière lui au classement !

* * * * * * *

Pascal n'était peut-être pas toujours prudent en reconnaissances mais il privilégiait ce risque de sortir lui-même de la route en montant sur un talus plutôt que d'avoir un accident avec un autre concurrent ou un automobiliste, puisque les reconnaissances ont lieu sur « route ouverte » sachant que les concurrents doivent respecter le code de la route. Même lorsque l'équipage respecte, il n'était jamais à l'abri d'un accident.

En 2008, Pascal souhaitait participer au rallye du Touquet mais son copilote habituel n'était pas disponible. Le « copilote-intérimaire », avec lequel Pascal n'avait jamais collaboré, se réjouissait de naviguer Pascal puisque, malgré de nombreuses participations à ce rallye difficile, il n'avait jamais rejoint l'arrivée. Lors des reconnaissances, un tracteur sans gyrophare, qui déployait sur toute la largeur de la route son matériel agricole attelé, arrivait dans l'ombre d'un arbre au sommet d'une bosse, et ne laissant aucune chance à Pascal, percutait sa voiture. Pascal fut blessé (sternum cassé) et ne fut donc pas au départ du rallye la semaine suivante. Le copilote qui n'avait jamais vu l'arrivée du rallye du Touquet, ne verra même pas le départ cette année-là...

* * * * * * *

Lorsqu'on roule en rallye, je n'apprendrais rien aux rallymen, il faut bien sûr rester vigilant sur la route tout au long de l'année, en tant que pilote ou copilote, car comme le disait Pascal : « *pas de permis, pas de rallye* » ! Il avait d'ailleurs, de temps à autre, tenté d'inculquer la leçon à ses copilotes qui aimaient faire la fête ou qui roulaient vite, afin qu'ils restent prudents. C'était sans compter, qu'un beau matin de ce début mars 2013, Pascal, sans doute pressé de se rendre au travail à Reims, s'était vu retirer son permis sur le champ, exterminant ainsi tout espoir de participer au prochain rallye des Vins de Champagne.
Marc-Emilien avait donc pris la place de Pascal, en tant que pilote, navigué par Jérôme, afin d'honorer les sponsors champenois, et avait terminé ce rallye, pour une première avec la Clio Ragnotti de Pascal, à une excellente deuxième place dans sa catégorie qui comptait pas moins de treize concurrents au départ !

* * * * * * *

Dans sa carrière de rallyman, Pascal a connu plusieurs « tournants », le premier grâce à Patrick, un copilote qui lui a donné le déclic pour rouler vite, voire très vite, « *à fond absolu* », et puis sa participation à la Finale de la Coupe de France des rallyes en Corse qui lui a donné envie, sous l'impulsion de Thibaut, un ami copilote, de participer à des manches du Championnat de France des rallyes asphalte. Puis Marc-Emilien l'incitera fortement à rouler en Championnat de France des rallyes sur terre deux ans plus tard.

* * * * * * *

Lors de sa première participation à un rallye du Championnat de France en 2006, sur ce rallye du Rouergue qu'il affectionnait tant, une erreur de chronométrage avait propulsé Pascal en tête du classement. Et, en ce début juillet, le journaliste de l'Equipe, quelque peu novice, venu quérir les résultats, était reparti avec cette feuille de classement où Pascal occupait la première place au général, bien évidemment pas du tout crédible pour les spécialistes du rallye. Dès le lendemain matin, dans un encart à propos de ce rallye, en dernière page de l'Equipe, on pouvait lire : « *Grandissime favori de l'épreuve après le forfait de..., Nicolas Vouilloz pointait en tête du Rallye du*

Rouergue après seulement deux spéciales. Dominé dans la première épreuve chronométrée par la Clio de Pascal Choudey, le pilote Peugeot prenait le pouvoir dès le secteur suivant... ». Quelques mois plus tard, lors d'une séance de dédicaces où je rencontrais le pilote, futur Champion de France des Rallyes cette année-là, je lui contais la mésaventure médiatique, et il avait gentiment mentionné sur une copie de l'article de presse que je lui avais apporté « *Amicalement et sans rancune* » en apposant sa signature.

* * * * * * *

Retour sur cette finale de la Coupe de France des rallyes en 2005, sans doute un des plus beaux souvenirs en rallye, et ce, dès l'embarquement sur le bateau pour la traversée du Continent à l'Île de Beauté. Lorsque nous avions réservé un gîte à l'Ile Rousse, nous avions demandé quel temps il était susceptible de faire début novembre ? Notre future hôte nous avait répondu : « *soit vous vous baignez, soit il y aura de la neige* ». Nous avons eu cette chance de pouvoir nous baigner dans une eau qui dépassait encore les 20°C. Nous étions partis une semaine plus tôt pour profiter pleinement de cette opportunité puisque nous n'étions jamais allés en Corse. En cette fin d'après-midi, où le soleil commençait à décliner, mais où nous avions profité de la plage, Pascal m'informait qu'il allait nager jusqu'aux bungalows au bout de la plage car certains de nos amis y étaient hébergés. Mais après une longue attente, son copilote et moi, nous commencions à nous inquiéter, ne le voyant toujours pas revenir... quand, soudain, enfin, nous l'avons aperçu au loin dans la mer d'où il est sorti triomphant en déclarant : « *ce n'est quand même pas tous les jours qu'on peut aller boire l'apéro à la nage* ! » Puis le temps de la course est arrivé. Pascal plus motivé que jamais, s'étonnait de « *rester dans le coup* » comme il disait. Mais le lendemain matin, un problème d'échappement venait altérer l'enthousiasme de l'équipage. Le vacarme produit par l'échappement endommagé, privait le pilote des notes dictées par René, le copilote. A la sortie d'une épreuve spéciale chronométrée où nous étions spectateurs, l'équipage nous appelait et nous demandait de revenir à l'assistance, et de nous débrouiller pour trouver un bidon métallique afin de réparer le pot d'échappement. Nous repartions donc de notre magnifique point de vue, et l'un des mécaniciens se demandait si nous pourrions trouver ce que voulait l'équipage, que cela n'allait pas tomber du ciel comme ça ! Le dieu du rallye nous a sans doute entendus puisque quelques centaines de mètres plus loin, alors que nous rejoignions notre voiture, un tonneau métallique était posé là, dans le fond d'un fossé. Nous le récupérions et aussitôt arrivés à l'assistance, notre ami carrossier s'attelait à la tâche, jusqu'à ce que Pascal apprenne qu'un de ses concurrents et ami abandonne. Pascal lui demandera avec une telle insistance pour lui emprunter son pot d'échappement que Philippe n'avait d'autre choix que d'accepter... Pascal et René auront l'immense satisfaction d'être à l'arrivée de cette belle finale insulaire avec un résultat honorable !

* * * * * * *

Les trajets entre la maison et les lieux de compétitions étaient parfois semés d'embûches. Bien souvent, Pascal partait avec le fourgon et la voiture de course sur la remorque et je le suivais, ou plutôt je tentais de le suivre, avec la voiture de tous les jours qui servait aux reconnaissances. Un week-end où je ne pouvais pas l'accompagner pour un slalom dans l'Est, il était parti seul alors que le jour n'était pas encore levé. En route, il entendait un bruit étrange et ressentait comme une secousse mais continuait de rouler. Quelques kilomètres plus loin, il aperçut des étincelles dans le rétroviseur et s'arrêta immédiatement... il avait perdu une roue de la remorque, qu'il dut dételer puis il retourna à l'endroit où il avait entendu « l'impact » mais il avait dû attendre le lever du jour pour récupérer la roue au milieu du champ et enfin la remonter !

* * * * * * *

Le rallye c'est aussi et surtout ces moments de convivialité, en course, au parc, avant la course, après la course, les échanges de conseils, de pratiques, mais aussi les cessions de pièces.
En 1995, lors d'un rallye en Bourgogne, un équipage casse la boîte de vitesses de sa Renault 5 GT Turbo en rentrant au parc mais souhaite faire le maximum pour repartir le lendemain. Un garagiste leur prête un pont (pour la mécanique) dans le village du rallye mais ils doivent trouver une boîte de vitesses. Ils ne connaissent pas encore Pascal mais celui-ci pourra les dépanner puisqu'il

stocke « quelques » pièces chez ses parents à moins de cinquante kilomètres de là ! Affaire conclue et l'équipage se rend chez les parents pour récupérer la boîte de vitesses. Au retour, ils constatent malheureusement qu'elle n'est pas de la même génération et ne pourra pas être montée sur leur voiture. Pascal reprend la boîte de vitesses et leur rend le chèque. Ce geste a été fort apprécié, à une époque, il est vrai où les transactions entre particuliers n'étaient pas toujours limpides mais Pascal était plutôt adepte de « *ne fais pas aux autres ce que tu n'aurais pas aimé qu'on te fasse* » !

* * * * * * *

Ce bon « samaritain », comme le surnommait parfois certains de ses amis, était toujours prêt à apporter son aide, prêter des outils, des pneus, dépanner en carburant, échanger des notes, des informations de course…
Il avait même failli, sur insistance de Tony et Teddy, adopter ces deux frères à la culture « rallystique » avérée, qui trouvaient beaucoup plus drôle de faire la fête avec Pascal la veille d'une épreuve que de rester avec leurs parents… faisant fi parfois des résultats du lendemain !

* * * * * * *

Grande faiblesse incontestable de Pascal, il n'était absolument pas physionomiste, ce qui lui valut de nombreuses situations chaotiques. Lors d'une remise des prix d'une course de côte, il échange avec un pilote et lui demande avec quelle voiture il roule, le pilote lui rétorque : « *ben, on a roulé dans la même classe toute la journée !* » Il lui arrivait de parler avec quelqu'un pendant plus d'un quart d'heure, puis lorsque la personne s'en allait et que je lui demandais qui elle était, il me répondait : « *je n'en sais rien* » ! Nos enfants et moi avions fini par découvrir les stratagèmes qu'il utilisait afin de se sortir de cette situation délicate... Il cherchait à savoir avec quelle voiture le pilote roulait, puis affinait sa recherche en demandant avec quelle voiture ou quel copilote il roulait l'année précédente... alors quand on entendait : « *tu roules toujours avec la même voiture ?* » « *ah ! je croyais que tu avais changé de voiture !* » « *tu as toujours le même copilote ?* », à ce moment-là, on était quasiment sûr qu'il ne savait pas encore à qui il parlait !

85

* * * * * * *

De nos jours, il est pratiquement impossible de tester les véhicules de compétition et de surcroît, sur la route. Or, il est fort désagréable de ne pas pouvoir anticiper et de découvrir dès le début d'un rallye qu'un problème subsiste... alors, les pilotes amateurs et les mécaniciens se débrouillent comme ils peuvent... Quelques jours avant un rallye des Vins de Champagne, Pascal avait dû changer la boîte de vitesses sur sa voiture mais celle-ci devait être rodée. Avec son ami Christophe, ils décidaient d'aller rouler de nuit dans le vignoble sur les chemins béton, que Pascal connaissait bien. A cette période-là, il travaillait à l'aménagement hydraulique du vignoble, à l'étude, la conception des projets et au suivi de la réalisation de ces chemins à chaussée en béton, à profil trapézoïdal, gris clair pour se fondre avec la craie blanchâtre typique du vignoble champenois, et nécessaires au bon écoulement des eaux de pluie. Comme il était interdit de passer dans les épreuves spéciales du rallye, ils roulaient doucement dans ce maillage de chemins au cœur du vignoble en faisant des tours et des détours pour amasser un maximum de kilomètres... quand soudain ils aperçoivent les phares d'un véhicule qui semblait les suivre... Ceux qui connaissent bien Pascal comprendront qu'il ne se laissera pas rattraper comme ça! Ouf, plus de voiture suiveuse donc reprise du roulage tranquillement sauf que, soudain, à un carrefour, la voiture suiveuse est là, face à eux, tous feux éteints, et ... Ce sont les gendarmes armés de mitraillettes ! A la question « *vous faites quoi dans le vignoble à cette heure tardive ? Où allez-vous ?* » Pascal répond « *On se promène* » ! Sur insistance des gendarmes, Pascal explique la problématique des essais et du roulage nécessaire à la boîte de vitesses à l'approche du rallye, ce qu'ils semblent comprendre puisqu'ils confirment que la voiture roulait effectivement à allure très modérée. Toutefois, ils prennent la peine de vérifier le véhicule et demandent à Pascal d'ouvrir le coffre où ils découvrent une valisette en aluminium qu'ils lui somment d'ouvrir également... mais ce n'est qu'une boîte à outils ! Rien de suspect à l'intérieur ! Puis Pascal et Christophe repartent absolument pas inquiétés mais sans comprendre vraiment la finalité de l'intervention. Ce n'est que le lendemain matin à la lecture du journal local qu'ils comprendront que les gendarmes étaient à la recherche d'un suspect puisqu'un crime avait été commis dans un village tout proche quelques heures auparavant.

* * * * * * *

Faire des essais sur asphalte avec un véhicule de compétition devient de plus en plus compliqué, mais faire des essais sur terre n'est pas vraiment plus facile, les chemins n'étant pas des terrains de jeux pour véhicules motorisés. Quand Pascal a souhaité rouler sur terre, il avait acquis une petite voiture pour se « faire la main ». Son ami, Sébastien qui a œuvré plusieurs années à l'assistance en rallye, lui avait proposé de tester la voiture tout près de chez lui sur un petit chemin tranquille où jamais personne ne passe, sauf cet après-midi-là, où des cueilleurs de champignons ont eu la peur de leur vie…
Puis quand Pascal, revenu sur ses pas pour s'excuser auprès d'eux, sortait de la voiture, le couple s'esclaffait : « *ah ! et en plus ce n'est pas un petit jeune un peu fou, mais enfin, à votre âge !* »

* * * * * * *

Si Pascal était apprécié sur les rallyes, il pouvait aussi bien apparaître distant, déconnecté, absent, que bienveillant, aimable, serviable ou encore directif, exigeant, rigoureux, arrogant... J'avais compris depuis longtemps qu'il n'était pas question lors d'un rallye de lui demander quoi que ce soit car s'il pouvait entendre la demande, il n'écoutait pas et ne répondait pas toujours à bon escient, comme cette fois au rallye du Pays Avallonnais où il avait supposé, uniquement à la lecture de la liste des engagés qui comportait justement une erreur, qu'un ami pilote avait changé de voiture. Pascal, déjà hyper concentré dans son rallye mais piaffant d'impatience de savoir, rencontre ce pilote :

— Tu as une Ragnotti ?
— Bonjour Pascal !
— Tu as une Ragnotti ?
— Bonjour Pascal !
— Ah oui ! bonjour Vincent ! tu as une Ragnotti ?
— Non ! j'ai toujours la Williams !!!
— Ah bon !

Sans plus d'interrogation, Pascal repartait ainsi rassuré !

* * * * * * *

A contrario, Pascal entretenait ce côté affable qui le caractérisait. Il aimait apporter sa « patte » à l'assistance, donner des conseils aux autres, ne tarissait pas d'éloges à l'égard de ses concurrents et amis pilotes mais ne pratiquait pas non plus la langue de bois au risque parfois de choquer même si ses propos n'étaient jamais acerbes et si le fond de sa pensée était bien plus modéré que son franc-parler.

Alors que nous étions spectateurs au rallye du Mont Blanc en 2010, puisque notre fils avait décroché le volant « Rallye Académie » cette année-là, Pascal rencontre un ami pilote au parc à Morzine et ils échangent sur la vente récente de la Clio Williams de ce pilote. Pascal suivait régulièrement les résultats et prouesses de ses amis pilotes, et savait que lors de son dernier rallye, ce pilote avait réalisé un troisième temps dans une épreuve spéciale, performance suffisamment remarquable, pour que Pascal, presque furieux, lui déclare : « *mais enfin, on ne vend pas une voiture qui a fait 3 au scratch !* »

* * * * * * *

Pascal avait une telle dextérité au volant qu'il semblait parfois venir d'une autre planète, lorsqu'il se garait, au centimètre près, avec le fourgon et la remorque ou encore, cette fois, au retour d'un rallye où il avait cassé la boîte de vitesses. Arrivé à la maison, pour décharger la voiture encore sur la remorque, il était passé au volant et puisque, il n'était pas possible de démarrer la voiture, il avait reculé en roues libres, dans la descente, dans les gravillons, pendant près de 50 mètres et était rentré à angle droit au plus juste dans le garage pourtant rempli de pièces, outils, pneus et autres accessoires … nous laissant, son assistance et moi, bouche bée…

* * * * * * *

Pascal « *ne croyait que ce qu'il voyait* ». Quand il doutait de ce qu'on pouvait lui raconter, il fallait lui apporter une preuve tangible de la véracité de nos propos pour qu'il daigne enfin nous croire, quel que soit le sujet !

Il était toujours admiratif et impressionné par le dynamisme des pilotes et copilotes « vétérans » malgré leur âge. Un jour, alors qu'il échangeait avec un copilote :

— Michel, tu fais quoi comme métier ?

— j'étais prof de sport !

— pourquoi, tu étais ?

— parce que je suis en retraite depuis quelques années !

— euh, un prof de sport n'est quand même pas en retraite à 50 ans !

— Je n'ai plus 50 ans non plus !

Fin de l'acte 1 et reprise de « l'interrogatoire » auprès du même copilote et de son fils pilote, il y a quelques années :

— Vincent, ton père, il a quel âge ?

— 78 ans !

— Impossible !

— Eh bien, va lui demander !

— Michel, tu as quel âge ?

— 78 ans !

— Montre-moi ta carte d'identité !

Michel a dû présenter son permis de conduire pour prouver sa bonne foi à Pascal !

* * * * * * *

Si Pascal quelquefois « ne prenait pas de gants » avec son manque de tact et de délicatesse, il lui arrivait également de ne pas prendre ses gants, équipement pourtant obligatoire en compétition. Alors que nous visionnions en famille une vidéo d'une épreuve chronométrée en caméra embarquée, Marc-Emilien faisait remarquer à son père qu'il n'avait pas de gant à la main droite. Effectivement, Pascal ne s'en était sans doute pas rendu compte. Il le retirait et le remettait avant le départ pour actionner la caméra à moins que... à moins qu'il ne se soit, une fois de plus, adonné à ce rituel redoutable qu'ils avaient instauré avec René, son copilote, rituel destiné à se concentrer et à se déstresser, disaient-ils ! Juste avant le départ d'une épreuve chronométrée, alors qu'ils étaient à moins d'une minute de se lancer, Pascal pinçait les genoux de son copilote au niveau des ligaments collatéraux, ce qui se terminait parfois en « bagarre » sous les yeux ébahis des commissaires affectés au départ.

Lors d'un rallye dans le Jura, Pascal avait, cette fois, oublié ses gants à l'assistance et s'en était aperçu juste avant la ligne de départ. René lui prêtait donc des gants qu'il conservait dans la voiture au cas où une crevaison survienne et qu'ils doivent changer la roue, mais des gants... type gants de jardin ! Pascal avait pris le départ de l'épreuve sans tenir le volant pour ne pas éveiller de soupçons quant aux gants qu'il avait enfilés et dont il n'aurait pas pu cacher la non-homologation !

* * * * * * *

Combien d'anecdotes plus invraisemblables les unes que les autres, voire certaines inénarrables, ont construit toute cette popularité de Pascal en rallyes et ailleurs !

Comme cet hiver-là où il avait neigé en Champagne, et qu'il était parti avec son ami Dom s'amuser sur un terrain militaire bien évidemment interdit aux particuliers, mais la soirée avait été finalement écourtée suite à de multiples crevaisons,

Comme ce premier rallye sur terre avec Gwen où ils partent en glisse et en tête-à-queue en haut d'un talus dès le premier virage de la première épreuve chronométrée,

Comme ce tête-à-queue sur une ligne d'arrivée avec David,

Comme ce conseil de Pascal à Sylvain, alors qu'ils sont en course et qu'ils passent par erreur sur une rehausse de caniveau : « *attention, lève bien les pieds !* »

Comme cette solution de dépannage improvisée « à l'arrache » avec ce câble d'accélérateur cassé mais guidé à la main par René, le copilote, installé à l'extérieur de la voiture en équilibre sur le rebord de l'aile, capot ouvert, pour terminer cette partie chronométrée... Puis, comme il reste une autre épreuve spéciale avant le retour au parc d'assistance, Pascal retirera un lacet de ses bottines de course pour le substituer au câble d'accélérateur endommagé et le manipulera du « cockpit », le copilote ayant pu ainsi regagner son baquet à l'intérieur de l'habitacle !!!

* * * * * * *

Pascal avait cette rage de combattre et s'il se réjouissait de gagner, il savait garder la maîtrise dans l'adversité et son plus grand plaisir était surtout de se faire plaisir !

Lors de la première épreuve chronométrée d'un rallye Alsace-Vosges, Pascal et René crèvent dès le début du parcours et décident de s'arrêter pour changer la roue. Malheureusement, le cric casse, et ils se retrouvent bien démunis en pleine forêt où il n'y a pas âme qui vive... Comme ils sont stationnés devant une ruine, ils cherchent autour de cette ancienne bâtisse, une aide, un objet, un outil et trouvent un vieil essieu de chariot (NDLR : Chariot est aussi le nom du copilote !) qui pourrait bien servir pour soulever la voiture mais cela se révèle mission impossible. Donc ils embarquent l'essieu dans la voiture, roulent tout doucement jusqu'au prochain point réservé aux spectateurs, s'arrêtent, demandent de l'aide et enfin, changent la roue, puis repartent alors qu'ils ont perdu presque dix minutes, mais comme le disait Pascal au speaker, à l'entrée du parc de regroupement : « *L'important pour nous, c'est de participer* ».

* * * * * * *

Les crevaisons en rallyes arrivent bien plus souvent que sur la route de tous les jours et parfois, l'équipage tombe dans les profondeurs du classement puisque la perte de temps peut être conséquente. Mais lorsqu'elle se produit sur la fin d'une portion chronométrée, l'équipage rejoint l'arrivée en restant vigilant et s'empresse, passé la ligne d'arrivée, de changer la roue. Lors d'un rallye des Vins de Champagne, Pascal se retrouve à la sortie de l'épreuve spéciale, roue crevée, et avait besoin d'aide... il arrêta la 1ère voiture qui passait, la personne aida volontiers l'équipage pour qu'il ne perde pas trop de temps et chacun repartit rapidement de son côté. Lors de la remise des prix, Pascal saluait le Maire de la ville qui lui remettait une coupe et le maire lui dit : « on s'est déjà vu cet après-midi, c'est moi qui vous ai aidé à changer votre roue ! ».

* * * * * * *

Lorsque nous étions dans un autre cadre que le sport automobile ou en vacances, Pascal ne pouvait se contenir longtemps avant qu'on ne découvre sa passion de la conduite sportive. Quand nous allions skier dans le Jura, nous aimions participer à cette randonnée en raquettes en nocturne avec repas montagnard dans un chalet. Nous covoiturions avec des vacanciers de notre centre de vacances jusqu'au point de départ de la randonnée et nous passions, à chaque fois, sur le parking de ski alpin tout proche, complètement enneigé, et désert à cette heure tardive, afin que ce grand enfant qu'était Pascal puisse jouer avec la voiture dans de longues et interminables glissades et parfaits tête-à-queue. Une année, nous avions emmené dans notre voiture un couple un peu « guindé ». Alors que le mari ne souhaitait pas prendre sa voiture pour ne pas l'endommager en roulant sur la neige, la femme se réjouissait de monter avec nous car elle clamait haut et fort que son mari roulait trop doucement et qu'elle aimait la vitesse mais elle ignorait encore ce qui l'attendait ! A peine montée à l'arrière de la voiture, elle se plaignait du manque de visibilité à cause de la buée sur les vitres latérales. Pascal lui dit, en prenant son ton le plus narquois : « *oui, nettoie bien ta vitre parce qu'en fait, tu vas sans doute voir la route par la portière !* »

Comme des nomades

Nomade, baroudeur, routard, je ne sais pas le terme le plus approprié qu'il faudrait employer pour exprimer cette envie de liberté et de voyages que nous partagions, même si notre champ d'actions ne dépassait que rarement le périmètre de l'Hexagone.

Alors qu'il n'était même pas encore adolescent, Pascal était parti en vacances en caravane avec sa cousine, et il avait trouvé ce mode de vie absolument génial.

Bien que nous avions envisagé très récemment d'acquérir une ancienne caravane pliante tout en bois des années 60-70 pour rejoindre des amis au sein d'un club, nous n'avons jamais possédé de caravane, ce qui ne nous empêchait pas d'aimer la vie au camping. Nous avions commencé par le camping sauvage puis avec l'âge sans doute, nous étions montés en gamme.

Parfois nos vieux démons de camping sauvage revenaient, comme il y a presque vingt ans où nous étions spectateurs d'un rallye en Aveyron, et afin de trouver le meilleur emplacement pour le lendemain, nous avions roulé à la nuit tombée sur les parcours chronométrés puis nous avions monté la tente dans le noir sur la partie enherbée d'un parking en pleine campagne. Quelle surprise le lendemain matin, à notre réveil de découvrir non seulement un paysage magnifique mais également un précipice à moins de deux mètres de la tente.

Tout aussi insolite, cette année où notre fils était tombé malade en vacances au bord de la mer alors que sa petite sœur devait naître le mois suivant. Le médecin, inquiet, avait fait hospitaliser Marc-Emilien un soir vers 22H00 à plus de cinquante kilomètres de notre camping. Nous avions donc demandé à rester au plus près, et nous avions dormi dans le camion aménagé pour les vacances sur le parking devant l'hôpital. Après une bonne nuit qui succédait à plusieurs nuits d'inquiétude et de sommeil léger, nous nous étions réveillés ce matin-là un peu tardivement, et nous trouvions l'entourage assez bruyant. Effectivement lorsque nous sommes sortis du camion, nous étions au beau milieu du marché !

L'année des Pascal

Sans conteste, l'année 2017 n'était pas l'année des Pascal.

A la mi-mars, nous perdions quelqu'un de notre famille qui avait à peine dépassé la cinquantaine, parti tellement bêtement, suite à une chute dans les escaliers. Nous nous connaissions depuis quelques années seulement mais nous nous étions vus lors de réunions de famille et les deux Pascal s'appréciaient et s'entendaient « comme larrons en foire ».

Début avril, lors des épreuves annexes au semi-marathon de Châlons en Champagne qui arborait le slogan « courir pour la vie », un spectateur qui attendait sa femme sur la ligne d'arrivée des 10 kms a été victime d'un infarctus foudroyant.

Le lendemain matin, nous apprenions que cette personne n'était autre que Pascal, le mari d'une amie et ancienne collègue.

A l'annonce de cette bien triste nouvelle, Pascal avait été terriblement touché et, d'un regard interrogateur, m'avait confié qu'il espérait que ce ne serait pas

« jamais deux sans trois »

Aujourd'hui je suis triste

Aujourd'hui, je suis triste,

Aujourd'hui je ne sais pas si je suis plus triste qu'hier et moins triste que demain,

ou si aujourd'hui je suis moins triste qu'hier et plus que demain,

hier, je ne savais pas si je serai plus triste ou moins triste demain, mais le « demain » d'hier c'est aujourd'hui, et aujourd'hui je suis triste,

demain je ne sais pas si je serai moins triste ou plus triste qu'hier, mais le « hier » de demain, c'est aujourd'hui et aujourd'hui, je suis triste,

tous les jours, c'est aujourd'hui et aujourd'hui je suis triste !

C'est un grand vide au fond de moi
Tout ce bonheur qui n'est plus là
Si tu savais quand il est tard
Comme je m'ennuie de ton regard

....

Bien sûr, là-haut de quelque part
Tu dois m'entendre ou bien me voir
Mais se parler c'était plus tendre
On pouvait encore se comprendre

....

Je suis resté sur le chemin
Avec ma vie entre les mains
À ne plus savoir comment faire
Pour avancer vers la lumière

....

Il ne me reste au long des jours
En souvenir de ton amour
Que cette fleur qui s'épanouit sur le silence...
Ton absence.

de Yves Duteil

Les arbres

Avant même cet engouement récent pour la « thérapie » par les arbres, je crois que tu avais compris tout le bienfait qu'ils étaient susceptibles d'apporter. Je ne comprends pas pourquoi tu n'as jamais travaillé dans le domaine forestier parce que c'était un univers qui te plaisait beaucoup à part la chasse que tu n'appréciais pas du tout, faute de la connaître, diront ses défenseurs.

Parcourir les « bois » était un de tes exercices préférés, en dehors du sport automobile et de la mécanique. Entretenir tes parcelles de bois et tes arbres fruitiers était une de tes préoccupations. Tu aimais déambuler entre ces arbres qui t'apportaient une forêt de sensations et faire de belles balades au cœur de la forêt était l'un de tes plaisirs favoris !

Tu estimais que le bois était une matière noble et vivante qu'on devait respecter, et dès ton plus jeune âge, tu avais travaillé, seul, le bois.

C'est d'ailleurs avec une certaine émotion que j'ai retrouvé dans la maison de tes parents ton coffret « l'atelier du petit menuisier » mais également tes premières « œuvres » en bois déjà construites avec précision et minutie.

L'hiver venu, tu aimais prendre quelques jours de congés pour aller couper du bois de chauffage qui servait à allumer tantôt la cuisinière, tantôt la cheminée, souvent les deux, dans notre maison bourguignonne et tu ne te lassais pas de ce « spectacle » du feu dans la cheminée, source de chaleur, de lumière, de bien-être et d'évasion.

Ton dernier livre inachevé, dont nous partagions la lecture les jours où tu étais hospitalisé, n'était autre que « La vie secrète des arbres », ce qu'ils ressentent, comment ils communiquent...

Je ne l'ai jamais terminé non plus...

À un cheveu près

Si la mode vestimentaire évolue chaque année, les coiffures pour homme alternent évidemment entre long et court et perdurent toujours une petite décennie. Anticonformiste, tu aimais, le plus souvent, garder les cheveux mi-longs ou longs, la moustache et la barbe dite « *de trois jours* » selon moi et « *en panne de rasoir* » selon toi.

Il t'arrivait parfois, sur un coup de tête de raser moustache et barbe pour quelques temps seulement !

J'ai le souvenir d'une telle décision que je n'avais pas partagée d'ailleurs, lors d'une sélection type « Rallyes Jeunes ». Nous étions descendus en moto jusqu'au circuit de Lédenon, dans le Gard afin que tu participes à une sélection des meilleurs jeunes pilotes de moins de 25 ans qui s'affronteraient ensuite pour remporter une saison en rallye tous frais payés. Lors des épreuves sur ce circuit sur lequel vous tourniez dans le sens trigonométrique (la plupart des circuits tournent dans le sens des aiguilles d'une montre) et tu étais très à l'aise sur ce type de circuit, tu avais réalisé les meilleurs temps, mais un tête-à-queue éliminatoire avait mis fin à tous tes espoirs de sélection... Le vrai problème, c'était qu'une seule participation par année était possible et que l'année suivante tu aurais plus de 25 ans.

Déçus, nous avons démonté la tente au camping et nous avons repris la route des vacances...

À peine 40 kilomètres que nous roulions, tu t'arrêtes et tu me dis « *j'ai une idée* », abandonner comme ça, c'était effectivement sans compter sur ta ténacité, comme tu le disais souvent, « *moi, si on me met à la porte, ce n'est pas grave, je rentre par la fenêtre* ».

Nous rebroussons chemin, nous retournons au camping, nous replantons la tente et tu pars te raser la moustache et la barbe afin de retourner deux jours après, participer à la sélection, incognito. A l'ère où toutes les inscriptions étaient encore en format papier et vu le nombre de participants, tu estimais pouvoir passer entre les mailles du filet... tu ne considérais pas cette insistance comme une tricherie mais plutôt comme une hyper-motivation... Je ne partageais pas vraiment ta décision et j'avais refusé de te couper les cheveux car je ne savais pas faire.

Deux jours plus tard, je ne t'avais pas accompagné le matin afin de n'éveiller aucun soupçon auprès des organisateurs, j'envisageais de rejoindre le circuit plus tard après que tu aies passé les « barrages » mais malgré ton look sensiblement changé en l'espace de deux jours, tu avais été trahi... par ta voix !

Déçus, nous avons démonté la tente au camping et nous avons repris la route des vacances...

Des années plus tard, alors que tu approchais la quarantaine, ne supportant plus cette uniformité du standard « cheveu court » chez les hommes, tu décides de te laisser pousser les cheveux comme une extension de toi-même, et exprimer aussi ton côté rebelle. Mais réussir à tresser tes cheveux tous les matins, seul, s'est révélé être un dur apprentissage. La perspective de partir en formation pendant plus d'un an, sans retour à la maison tous les jours, se profilait pour les mois à venir et tu te retrouvais devant l'alternative: soit tu réussissais à faire une belle tresse classique soit tu devrais te faire couper les cheveux. Apprentissage concluant suivi d'une longue époque de la « natte » correspond également à l'apogée de ta carrière en sport automobile, à l'image de Samson dont la force venait de ses longs cheveux.

Lorsque tu es tombé malade pour la deuxième fois et que nous avons appris que le traitement ferait que la chute de tes cheveux serait inéluctable, j'étais inquiète que cela te soit insupportable. Ta force devant la maladie a éludé cette difficulté et tu as réagi avec humour lorsque tes cheveux commençaient à repousser puisque tu trouvais que tu ressemblais soudain à ton personnage préféré de bande dessinée: Titeuf !

Si tu avais été ...

J'ai longtemps hésité entre ce questionnaire de Proust, devenu célèbre grâce aux réponses qu'il a lui-même apportées (inspiré d'un jeu anglais datant des années 1860 nommé Confessions), et le portrait chinois dont l'origine est paradoxalement européenne, ce jeu qui permet par analogie de déceler la personnalité de l'autre.

Nous y jouions parfois, nous n'étions pas toujours objectifs, mais nos réponses aux questions qui nous plaisaient le plus, ne fluctuaient pas vraiment.

Voici ce que Pascal exprimait le plus souvent :

Si tu avais été un animal : un écureuil dans la forêt ou un chat à la maison !

Si tu avais été un arbre : un chêne pour sa force et sa puissance mais qui parfois attire la foudre !

Si tu avais été un légume : une tomate même si c'est un fruit et non un légume, ou peut-être un radis !

Si tu avais été un fruit : une pêche de ton verger !

Si tu avais été une fleur : une pivoine dans le jardin et le muguet dans les bois !

Si tu avais été une spécialité régionale : les œufs en meurette, plat typiquement bourguignon !

Si tu avais été un plat traditionnel venu d'ailleurs : le couscous !

Si tu avais été un restaurant : Le Bistro Saint Jean (de notre ami JC Cordel à Bar le Duc) !

Si tu avais été une boisson : une seule ? non ! une bonne bière artisanale, une flûte de Champagne, un verre de Chablis, un verre de lait-menthe bien frais l'été ou un petit vin chaud « préparation maison » au cœur de l'hiver !

Si tu avais été un art : les arts du cirque (nous assistions chaque année au spectacle de sortie de promotion du Centre national de formation et de recherche de Châlons en Champagne) !

Si tu avais été un livre : sûrement pas « Le Rouge et Le Noir » que tu n'as jamais réussi à finir lorsque tu l'étudiais à l'école !

Si tu avais été une musique : toutes les musiques, rock, pop, country, blues, jazz, classique... et plus particulièrement celles que jouaient les enfants !

Si tu avais été un chanteur : Francis Cabrel ou Renaud !

Si tu avais été un acteur : Patrick Dewaere ou Jean-Louis Trintignant avec qui tu avais passé un après-midi complet à parler voitures alors que vous étiez voisins et spectateurs au Circuit de Nevers Magny-Cours !

Si tu avais été un grand sportif (en dehors du sport automobile) : Gunde Svan, le skieur de fond le plus titré des années 80 qui se reconvertira dans le rallycross et le rallye !

Si tu avais été une voiture : une seule, ce n'est pas possible... plus de trente voitures en un peu plus de quarante ans, avec une préférence pour la marque Renault !

Si tu avais été une voiture de rallye : impossible de les départager, la Renault 5 GT Turbo, la Clio Williams et la Clio Ragnotti !

Si tu avais été un pilote de rallye : Jean Ragnotti ou Sébastien Loeb !

Si tu avais été une épreuve spéciale de rallye régional : l'ES de Moulin Cadoux (Avallonnais) !

Si tu avais été une épreuve spéciale d'un rallye auquel tu n'as jamais participé : la spéciale de Centuri à Saint Florent de plus de 50 kms avec en moyenne un virage tous les 100m le long de la côte ouest du Cap Corse où cette petite route sinueuse donne l'impression à chaque virage de plonger dans la mer. Nous avions parcouru, lors de vacances sur l'île de beauté, cette spéciale à une allure plus que modérée, de nuit, après avoir dégusté le nec plus ultra du port de Centuri : le homard !

Si tu avais été un rallye national : le rallye des Vins de Champagne !

Si tu avais été un rallye de Championnat de France : côté asphalte, le Rallye du Rouergue (4 participations) et côté terre, le Rallye Terre des Cardabelles, tous les deux en Aveyron !

Si tu n'avais eu qu'un seul souvenir à évoquer en rallye : la 1ère fois que Marc-Emilien, notre fils, t'a copiloté. A chaque tour, il te déclarait que tu avais « encore des secondes sous le pied » ! Qu'à cela ne tienne, piqué au vif, tu t'exécutais et vous décrochiez une belle victoire de groupe !

Ton principal défaut : toujours en retard ! d'où ton expression favorite à ce propos (utilisée le plus souvent dans le cadre professionnel):
« Comme je suis arrivé en retard ce matin, je partirai en avance ce soir, pour compenser ! »

Ta principale qualité : l'intégrité !

Ce que tu appréciais le plus chez tes amis : la sincérité et la convivialité !

Si tu avais été l'un des 7 péchés capitaux : la gourmandise pour le chocolat mais surtout les bonbons, la bonbonnière pourrait témoigner !

Ce que tu détestais par-dessus tout : le mensonge mais aussi les grands cons donneurs de leçons et les petits chefs à l'esprit exigu !

Le don que tu aurais aimé avoir : l'ubiquité !

Comment tu aurais aimé mourir : ... sans doute pas comme c'est arrivé et surtout pas si tôt...

La provocation

Pascal excellait dans l'art de la provocation, je ne sais pas le plaisir qu'il y trouvait mais il nous faisait tellement rire quand il avait décidé de jouer avec.

Mais cet art de provoquer est peut-être contagieux, je pense que notre vie commune a généré certaines influences et nous étions bien souvent en phase tant dans les attitudes que dans les pensées.

Je n'aime pas vraiment provoquer, mais depuis son départ, il m'arrive d'être agacée dans certaines situations et je joue plus le côté humour que le côté provocation. Mais quand je peux conjuguer les deux, je ne m'en prive pas !

Un soir, après le travail, j'attendais à la caisse d'un supermarché où j'avais acheté quelques victuailles pour le repas du soir et devant moi, deux caddies bien remplis. J'avais souvent, dans un tel cas, laissé passer les personnes avec peu d'articles devant moi, parfois sans le moindre remerciement d'ailleurs, mais là, j'attendais avec une patience toute relative.

Le premier caddie débordait, le second se remplissait à vue d'œil devant moi, pendant que Monsieur avançait dans la file, Madame retournait dans les rayons et revenait petit à petit avec de nouveaux articles. Monsieur, repérant mon agacement, demande à sa femme si je pouvais passer devant eux, elle ne paraissait pas vraiment d'accord, alors Monsieur sur le ton de la plaisanterie, insiste en disant : « son mari l'attend peut-être et elle a acheté peu de choses », et alors que je n'avais même pas sourcillé, il me regarde d'un air interrogateur en me taquinant: « *il ne va pas être content s'il vous attend, hein ?* » Devant mon petit « *oui* » il se livre à nouveau à sa niaiserie et sa loquacité importune et je finis par lui répondre « *ne vous inquiétez pas, il est bien plus patient que vous ne l'imaginez, il est au cimetière* » et finalement, je me suis retrouvée propulsée devant les deux caddies !

Y a-t-il encore une lueur d'espoir
dans l'ombre du chat noir

Pascal et moi, nous ne nous sommes jamais posé la question à propos du bonheur, mais je me la pose aujourd'hui parce que je réalise qu'on découvre l'existence du bonheur quand il vient à manquer. C'est cette absence de plénitude, de sérénité, d'équilibre entre le corps et l'esprit, de stabilité qui nous fait prendre conscience qu'il a existé... et qu'il a disparu... en partie.

Ce sont surtout ces petits rien qui font que sans toi plus rien ne semble possible !

« Un seul être vous manque et tout est dépeuplé »
de Lamartine

Si la fin de ta souffrance a signifié le début de la mienne, de la nôtre, ma force ce sera aussi d'oser, oser être faible, ne pas avoir peur de pleurer, ne pas avoir peur d'être jugée parce que, dans notre société, on assimile trop souvent la sensibilité de quelqu'un à la naïveté, voire la stupidité. Je veux rester libre d'être vulnérable, d'éprouver des émotions négatives mais aussi positives et courir le risque un jour, peut-être, d'être apaisée et heureuse...

Et si je dis encore « on » et si je parle de toi toujours au présent c'est parce que je ne peux pas m'en passer !

J'aurais aimé tenir ta main un peu plus longtemps
J'aurais aimé que mon chagrin
ne dure qu'un instant
Et tu sais j'espère au moins que tu m'entends
...
Mais personne ne peut comprendre
On a chacun sa propre histoire
On m'a dit qu'il fallait attendre
Que la peine devienne dérisoire

de Grégoire

Tu es encore ce rayon de soleil dans ma pénombre mais dès que le soleil brille chez moi, tu es cette ombre indélébile !

La dépendance affective engendre de telles souffrances que seule la résilience, cette capacité à résister aux chocs, aux angoisses et aux blessures d'abandon, pourrait me conduire, malgré l'adversité, à réussir à vivre positivement.

Je n'aurais jamais imaginé qu'il soit aussi difficile de prendre acte de l'évidence de ton départ, quelque chose s'est brisé en moi et même si j'ai la sensation que les morceaux paraissent intacts, je me sens incomplète, cette plaie ne se referme pas, le puzzle demeure irréalisable.

Il y a toujours, puisque je le dis,
Puisque je l'affirme,
Au bout du chagrin
Une fenêtre ouverte,
Une fenêtre éclairée,
Il y a toujours un rêve qui veille,
Un désir à combler, une faim à satisfaire,
Un cœur généreux,
Une main tendue, une main ouverte,
Des yeux attentifs,
Une vie, la vie à se partager.

de Paul Eluard

On ne cesse de me répéter que tout s'estompe au fil du temps, j'ai envie de crier quand j'entends ces mots, car chaque jour m'éloigne un peu plus de toi et je lutte pour éviter ce déchirement.

Ce qui, finalement, est le plus difficile à accepter c'est que pour toi tout s'est arrêté…

J'ai beau me dire
Qu'il faut du temps
J'ai beau l'écrire
Si noir sur blanc
Quoi que je fasse
Où que je sois
Rien ne t'efface
Je pense à toi
....
Passe ma chance
Tournent les vents
Reste l'absence
Obstinément

de Jean-Jacques Goldman

Le père Noël en chocolat

Gourmand dès son plus jeune âge avant d'être autant gourmet qu'épicurien à l'âge adulte, Pascal appréciait particulièrement le chocolat.

Alors qu'il n'avait pas encore dix ans, sa cousine lui avait offert un Père Noël en chocolat. Même s'il avait très envie de le manger, ce sujet en chocolat semblait abandonné ou plutôt bien gardé pour que personne n'y touche. Et bien que tout le monde l'incitât à y goûter, Pascal avait décidé, malgré l'envie, de le garder intact.

Au bout de quelques semaines, interrogé sur la raison pour laquelle il n'y avait pas goûté, il avait fini par avouer qu'il lui était absolument impossible de manger ce Père Noël en chocolat parce qu'il était vraiment trop beau !

L'amitié est-elle transmissible?

Pascal n'avait pas toujours le sourire affable quand il rencontrait pour la première fois quelqu'un. Il avait un jugement parfois un peu rapide mais il se trompait rarement. Et il n'accueillait pas toujours de façon conviviale un éventuel acheteur de sa voiture ou autres pièces et pourtant...

Un jour, un potentiel acheteur de sa Clio Williams (autre que celle de compétition) se présente et même s'ils ne concluent pas la vente, ils échangent sur ce type de voiture, la mécanique et le sport automobile, ce jeune s'intéresse fortement à ces thématiques puisqu'il va intégrer très prochainement une formation au sein de « L'Ecole de la Performance ». Pascal était, il faut bien l'avouer, resté très sceptique sur la réussite d'une telle entreprise de la part de quelqu'un qui ne pratiquait pas la mécanique au quotidien.

Un an plus tard, de retour de cette école, il passe régulièrement devant le parking où nous garons nos véhicules, espérant à chaque fois apercevoir Pascal, et enfin, s'arrête un soir où Pascal répare les feux de sa remorque porte-voiture. Ils échangent sur l'expérience acquise à l'école et, afin de mettre en pratique ses nouvelles compétences, il propose à Pascal ses services pour faire l'assistance lors des rallyes.

Ce soir-là, Pascal rentre à la maison, ravi d'avoir trouvé de l'aide à l'assistance, car c'est une place ingrate où rien ne doit être laissé au hasard, et donc les candidats se font rares, mais il me raconte qu'il l'a prévenu que ce ne serait que du bénévolat, ce qui signifiait aucune rémunération, eh oui, en bon bourguignon, comme le dit si bien Guy Roux, le célèbre entraîneur de l'AJ Auxerre, « faut pas gâcher » !

Le Team Choudey Competition prenait tout de même en charge l'hébergement, les repas et les déplacements de ces mécaniciens, techniciens, metteurs au point d'un week-end.

Le « baptême » aura lieu à Langres où nous avons pris l'habitude de camper avec nos amis allemands venus en spectateurs dans une ambiance relativement conviviale puis nous irons ensemble au rallye Terre de Vaucluse à la fin de cette année 2011 avec ce souvenir gravé à jamais, les tentatives de records de sauts sur le trampoline le samedi soir après l'abandon prématuré de l'équipage !

Puis s'ensuivront d'innombrables soirées à la maison où ils disserteront sur la technique et la mécanique autour d'un verre ou d'un repas, sans compter les week-ends tantôt au garage tantôt en rallye.

Les deux hommes échangent beaucoup, même par téléphone où parfois ils passent de longs moments à s'interroger sur un réglage, une méthodologie à améliorer, un montage ou un essai à effectuer, mais au-delà de la thématique automobile, une véritable amitié est née.

Quand Pascal tombe malade la première fois, Jean-Phi se fait encore plus présent au quotidien et deux ans plus tard quand la maladie récidive, il ne changera rien à ses habitudes sauf que nous sommes moins souvent à la maison puisque lors de ce premier semestre 2017, nous allons passer presque la moitié de notre temps à Paris avec de rares escapades en Champagne et en Bourgogne. Mais Jean-Phi, malgré la maladie de Pascal ne manquera pas une occasion de passer à la maison, de prendre des nouvelles ou de répondre présent pour toute aide potentielle. Il me confiera quelques mois après le départ de Pascal qu'il avait, en toute discrétion et malheureusement en véritable visionnaire, voulu être présent au maximum, craignant le pire.

Puis Pascal s'en est allé... laissant ses proches, sa famille et ses amis dans le désarroi. Jean-Phi déclarait que, sans Pascal, malgré cette passion qui les unissait, plus rien ne serait comme avant. Puis Jean-Phi a continué à être présent aussi souvent qu'il le pouvait, il est venu en Bourgogne, a passé de longues heures au garage pour aider au tri et au rangement et m'a assistée dans différentes tâches qu'il m'était difficile d'assumer seule et m'a soutenue dans les moments difficiles.

Plusieurs années à se côtoyer sans finalement vraiment prendre le temps de se connaître puisque Pascal créait naturellement le lien entre nous trois.

Nous avons passé de longs moments à échanger, à tenter parfois de recréer cette ambiance comme lorsque Pascal était présent, à aller et venir sur les rallyes et autres réunions, manifestations et hommages à Pascal.

Pascal et Jean-Phi entretenaient ce lien fraternel qu'est l'amitié avec cette richesse de réciprocité, une amitié sincère et respectueuse, une amitié qui paraissait sans limite. Pascal et moi jouissions d'une complicité qui n'avait pas d'égal. Si aujourd'hui l'amitié entre un homme et une femme apparait comme un lien inconcevable pour certains, c'est pourtant cette équation que nous avons réussie à résoudre comme une évidence sans aucune ambiguïté !

« La rencontre du Petit Prince et du Renard »

– Je cherche des amis, dit le petit prince. Qu'est-ce que signifie « apprivoiser »?

– C'est une chose trop oubliée, dit le renard. Ça signifie « créer des liens »

– Si tu m'apprivoises, nous aurons besoin l'un de l'autre. Tu seras pour moi unique au monde. Je serai pour toi unique au monde...

– On ne connaît que les choses que l'on apprivoise, dit le renard. Les hommes n'ont plus le temps de rien connaître. Ils achètent des choses toutes faites chez les marchands. Mais comme il n'existe point de marchands d'amis, les hommes n'ont plus d'amis. Si tu veux un ami, apprivoise-moi.

– Que faut-il faire ? dit le Petit Prince.

– Il faut être patient, répondit le renard; tu t'assoiras d'abord un peu loin de moi, comme ça, dans l'herbe. Je te regarderai du coin de l'œil et tu ne diras rien. Le langage est source de malentendus. Mais, chaque jour, tu pourras t'asseoir un peu plus près.

d'Antoine de Saint-Exupéry

Ce que je ne pourrai te dire...

Tant de choses se sont passées depuis ton départ, tant d'informations que j'aimerai te communiquer... mais que je ne pourrai te dire... comme :

- la naissance de ton petit-neveu au lendemain de tes obsèques,
- la réussite au baccalauréat de ton neveu et filleul,
- les deux petits félins que j'ai accueillis à la maison,
- la maladie de certains de tes amis,
- la nouvelle femme de l'ex-mari de l'ex-amie d'un de tes amis est la fille d'un de tes ex-collègues... oups !!! c'est compliqué, mais c'est bien ça !!!
- la naissance tant attendue du bébé panda au zoo de Beauval,
- la suspicion que tu sois un « indic » par ceux qui ne te connaissaient pas mais qui voyaient ton camion constamment garé à côté de la prison,
- les jeux olympiques qui auront bien lieu à Paris en 2024,

- les podiums de départ de tes deux rallyes fétiches qui ont été définitivement déplacés à Avallon et Epernay,

- les multiples hommages qui t'ont été rendus lors des rallyes qui ont suivi ton départ, dont le rallye de l'Anguison le jour de tes 60 ans, avec ton fils au volant de ta Clio Ragnotti, ton neveu dans le baquet de copilote, la présence de ta fille venue de Californie, et toutes les personnes principalement ligériennes qui ont œuvré pour la réussite de ce bel hommage !

- la 2ème étoile sur le maillot des footballeurs français après leur victoire en Coupe du Monde 2018, car même si tu ne t'intéressais pas au football, nous avions vécu et célébré cette victoire en 1998 et surtout tu avais la curiosité de rester informé des évènements sportifs quels qu'ils soient,

- ton statut de grand-père, un jour, dont malheureusement tu ne profiteras pas...

Et tant de choses encore que tu ne sauras jamais, puisque la vie continue malgré tout... même si pour toi tout s'est arrêté...

Le bouquet de roses

Quand nous avons décidé de nous marier, nous ne voulions aucun cérémonial, et pour déroger encore une fois à toute tradition, nous nous sommes unis un lundi matin entre Noël et le Nouvel An, uniquement entourés de nos deux enfants dans le rôle de témoins. Nous n'avions toutefois pas résisté à l'envie de nous offrir des alliances, symbole de notre alliance de trois décennies et demie.

Le jour J alors que nous nous préparions, je réalise soudain que je n'ai pas de bouquet.

Avallon n'est qu'à dix minutes en voiture, et voilà Pascal parti à la recherche d'un bouquet... Et un lundi matin entre Noël et le Nouvel An, ce n'est pas évident de trouver un fleuriste ouvert.

Après plusieurs espoirs déçus, il aperçoit une fleuriste qui ouvre son magasin, il se presse d'entrer dans le magasin mais la fleuriste lui dit que c'est fermé et que le magasin n'ouvre que l'après-midi. Mais Pascal insiste et lui explique qu'il lui faut absolument un bouquet de roses pour une mariée...

— Et vous le voulez pour quand ?

— Ce matin !

— Euhhhh ! C'est quand le mariage ?

— Dans une heure !

H comme...

H comme humain, compréhensif, bienveillant, sensible, toutes ces qualités qu'on aimerait retrouver chez l'humain,

H comme humilité, comme honnêteté, deux de tes qualités!

H comme hexakosioihexekontahexaphobie, cette peur du nombre 666, supposé représenter le diable, à quoi bon avoir peur du diable, quand la maladie est entrée dans votre maison, on a bien d'autres ennemis à combattre,

H comme hôpital, hôtel où on ne souhaite pas séjourner mais séjour absolument obligatoire quand la maladie survient,

H comme humour, quand il te plaisait de dire: *« Moi malade? Nooonnnn ce sont les médecins qui le disent!!! »*

H comme hormonothérapie,

H comme hormonothérapie destructrice,

H comme hormonothérapie non pas castratrice mais...

H comme hormonothérapie tueuse de libido,

H comme heure, de nombreuses heures encore à attendre mais l'assurance de l'arrêt de cette hormonothérapie et du retour de ces instincts et ces instants exquis!

H comme histoire, fin de l'histoire à défaut de H comme histoire sans fin...

Vous n'aurez que mon indifférence

J'ai toujours pensé que l'indifférence était le pire des sentiments, l'amour et la haine sont des sentiments forts et extrêmes, et chacun sait que les extrêmes se rejoignent toujours, mais la neutralité de l'indifférence ne nous offre que le vide et le néant, comme une absence de sentiment... à l'heure où je ne suis pas encore prête pour le pardon envers tous ceux qui nous ont offensés, j'ai renoncé à la haine qui me faisait plus de mal à moi qu'à ceux à qui je l'adressais, je ne leur offrirai donc que mon indifférence.

Vous qui m'avez croisée sans me regarder,

Vous qui n'avez donné de l'importance à Pascal qu'après son départ,

Vous n'aurez que mon indifférence

Vous qui ne cessez de donner des leçons,

Vous qui vous êtes éloignés de Pascal pendant sa maladie comme s'il était contagieux,

Vous n'aurez que mon indifférence

Vous qui avez dit que c'était plus difficile quand on est divorcée que quand on est veuve, parce qu'on voit encore vivre « l'autre »,

Vous qui m'avez raconté l'agonie de votre animal domestique,

Vous n'aurez que mon indifférence

Vous qui n'osez plus prononcer son prénom,

Vous qui saviez mieux que quiconque, les symptômes, les traitements, les soins à prodiguer sans jamais avoir exercé une profession dans le milieu médical,

Vous n'aurez que mon indifférence

Vous qui m'avez demandé si je continuerai à fréquenter sa famille,

Vous qui ne comprenez pas qu'on puisse encore rire et sourire même quand on est dans la peine,

Vous n'aurez que mon indifférence

Vous qui avez usé et abusé de mesquinerie par rapport à ma situation,

Vous, médecin-contrôleur, qui m'avez demandé de faire mon deuil rapidement,

Vous n'aurez que mon indifférence

Vous qui ne cessez de comparer l'incomparable,

Vous qui vous éloignez des personnes veuves pour ne pas capter leurs ondes négatives,

Vous n'aurez que mon indifférence

Vous qui faites preuve d'aucune empathie,

Vous qui m'avez promis tant de choses,

Vous n'aurez que mon indifférence

Vous n'aurez que mon indifférence.

« J'l' garde, au cas où »

Pascal était sans doute le roi de la conservation comme pourraient en témoigner celles et ceux qui ont connu son garage, ses garages.

Même s'il n'était pas atteint de syllogomanie, cette mystérieuse maladie qui empêche l'être humain de jeter ce dont il n'a plus besoin, même s'il ne souffrait pas d'accumulation compulsive ni du syndrome de l'écureuil, Pascal a sans doute été un précurseur du recyclage. Nombre d'objets trouvaient chez lui une seconde vie ou étaient restaurés alors que d'autres étaient mis de côté en attente de réhabilitation mais aussi le plus souvent oubliés.

Cette manie, puisqu'il faut bien l'appeler comme ça, provient vraisemblablement de l'éducation reçue dans une famille modeste où rien n'était laissé au hasard, ou de cet atavisme familial, avec des ancêtres ayant connu les restrictions pendant la guerre, qui a finalement glissé de génération en génération.

La principale raison de garder une multitude d'objets, de photos, de documents, de pièces de voitures, puisque « *ça peut toujours servir* », est sans doute la peur de ne plus pouvoir se l'offrir, ou encore le besoin de possession de notre génération, nous qui ne sommes pas nés dans un monde devenu parfois un peu trop virtuel, et complètement aseptisé.

On ne veut pas jeter non plus pour ne pas se défaire du passé. Un objet est souvent rattaché à un événement ou une personne et il est douloureux de s'en débarrasser puisque l'objet est devenu le témoin concret du souvenir.

Aujourd'hui je comprends mieux ce phénomène car je n'ai pas envie de me séparer des choses qui lui appartenaient, des choses qui nous appartenaient, qui sont parfois chargées de souvenirs même si ces choses paraissent inutiles ou anodines aux yeux des autres. Je me dois de faire un double deuil, de Pascal et des éléments transversaux qui le représentent et c'est un parcours difficile dans lequel je me retrouve seule et surtout à contre-courant des autres.

« Cui ce-i pasa ca-mi esti drag ? »

Ce vers extrait d'un poème de Mihai Eminescu, le plus grand poète et écrivain roumain qui incarne l'esprit de génie du peuple roumain pourrait être traduit ainsi :

« Qui se soucie que tu me sois cher »

Ne pas consacrer une seule ligne à ce pays qui a transformé nos vies en quelques années aurait été un sacrilège alors que la passion du sport automobile nous a conduits vers ce pays européen et son peuple pourtant fort décrié en France. L'ignorance est parfois cruelle et le commun des mortels réagit souvent à la manière de ces moutons de Panurge pour juger les autres.

Pascal, en ce début d'année 2010, alors qu'il avait dû faire l'impasse en 2009 sur une partie de la saison de rallyes automobiles, cherchait désespérément une nouvelle monture, en France, puis à l'étranger.

Un soir, il me demande :

— j'ai trouvé une voiture de rallye en Roumanie, qu'est-ce que tu en penses ?

— ... si la voiture te plaît, même si c'est peut-être un peu loin, pourquoi pas ?

Honnêtement, à part le dictateur Ceaucescu, le 10/10 de Nadia Comaneci à la poutre aux Jeux Olympiques de 1976 à Montréal et toutes les polémiques du moment à propos des Roms de Roumanie et d'ailleurs, mes connaissances sur ce pays étaient, je dois bien l'avouer, assez limitées.

Un souvenir d'enfance me revenait soudain en mémoire. J'étais allée voir un spectacle de cirque alors que je devais avoir six ou sept ans où évoluait un ours muselé qui obéissait aux exigences un peu sévères de son dresseur. Cet ours venait de Transylvanie et j'avais dit à mes parents :

— quand je serais grande, je libèrerai cet ours pour le remmener dans sa forêt en Transylvanie !

Nous avons découvert, il y a quelques années, la Transylvanie, cette région au cœur de la Roumanie, encerclée par l'arc des Carpates, véritable amphithéâtre de collines et vallées offrant une mosaïque de paysages dans un sanctuaire de préservation de la biodiversité, de la vie paysanne et pastorale, bien loin des clichés véhiculés en France et nous avons tout simplement « adopté » et adoré ce pays.

Que de bons moments passés là-bas, entourés d'amis encore fidèles aujourd'hui, que de visites, d'Arad à Bucarest, de Sibiu à Braşov, de la Moldavie au Maramureş, ce séjour dans le Delta du Danube, l'ascension des deux célèbres routes, la Transalpina mais surtout la Transfăgărăşan, de la montée jusqu'au lac Bâlea à plus de 2000 mètres d'altitude, qui ressemble à s'y méprendre à un circuit de sport automobile, à la descente vers le barrage du lac Vidraru, que de bons moments passés là-bas !

Depuis 2010, Pascal roulait au volant d'une Clio Ragnotti venue de l'Est puis il a réalisé en 2016 un rêve d'abord inaccessible puis inespéré, avec l'acquisition à nouveau en Roumanie de cette Clio R3, qui s'est transformé en un rêve inachevé, puisqu'il n'a malheureusement pas vraiment eu le temps d'en prendre la mesure, et n'a pas eu le plaisir de rouler sur ses rallyes préférés, dans l'Avallonnais, en Champagne, dans l'Aveyron...

Que dire encore de la Roumanie, de cette terre de contrastes entre modernité et traditions ancestrales, de cette authenticité inaltérée, cette convivialité et cette hospitalité, si ce n'est que j'aimerais vous inviter à découvrir ce pays si généreux, et à le respecter, et que, pour abreuver mon addiction, je n'ai qu'une envie, y retourner !

La plus belle preuve d'amour

Dans ce livre, vous l'aurez remarqué les chapitres se suivent et ne se ressemblent pas, ce qui m'a laissé la liberté de les écrire dans le désordre, de nuit de façon instantanée pour certains, de jour de façon réfléchie pour d'autres, mais celui-ci a été écrit en dernier même si c'est celui auquel j'ai le plus pensé, le plus réfléchi dès le début, et qui ne sera vraisemblablement pas le plus réussi tant il a été difficile à écrire. Difficile à écrire pour moi car c'est Pascal qui me l'a dicté ou plutôt qui me l'a écrit et je ne l'ai lu qu'après son départ parce qu'il aborde un sujet que je n'ai jamais voulu entendre. A chaque fois qu'il a tenté de m'en parler, je refusais d'évoquer cette hypothèse, ce n'était pas pour moi le moment d'en parler puisque, jusqu'à quelques heures de son dernier souffle, je n'avais jamais envisagé son départ, sans retour...

Alors puisqu'il me l'a si bien écrit, je ne me permettrai pas de le paraphraser au risque de déformer ses propos, je me contenterai simplement de les retranscrire, seulement en partie, le plus fidèlement possible.

« L'après, je t'en ai déjà parlé, même si tu n'as pas voulu vraiment m'écouter, il faudra être forte et ce ne sera pas facile. Et si tu rencontres quelqu'un qui puisse te comprendre et t'épauler, eh bien ce serait normal... pour moi ! Je comprends que cela serait sans doute mal interprété mais je sais que je ne serais pas complètement remplacé et que tu penseras toujours à moi. Avoir un compagnon compréhensif et gentil peut permettre de ne pas sombrer. Et en plus, s'il me connaissait et me respectait, ce serait encore mieux pour toi et pour moi ! »...

« Je ne supporte pas que, de nos jours, la trahison, l'infidélité connue ou méconnue d'un conjoint soit mieux tolérée que l'accompagnement et le soutien de quelqu'un qui se retrouve seul... tu n'auras pas choisi cette séparation par la mort et tu devrais porter ce fardeau jusqu'à la fin de ta vie, alors que tu as souffert en silence tout au long de ma maladie et que tu m'as accompagné jour et nuit sans relâche, sans sourciller, sans te plaindre une seule fois. »...

« Vis ta vie, profite de chaque instant car on ne sait jamais de quoi sera fait demain et ne te préoccupe pas de ce que les autres pensent... mais surtout reste *vigilante et prudente, ne fais pas de quelqu'un ta priorité si tu n'es pas la sienne, puisque, en dehors de nos propres enfants, nos priorités respectives étaient réciproques. »*

« Dream as if you'll live forever. Live as if you'll die today »

de James Dean

« Ton besoin de liberté mais aussi de dépendance, ton envie constante d'apprendre et de bien faire, tes passions, tes exigences envers toi et les autres, ta détermination, parfois ton inflexibilité... mais surtout ton côté animal sauvage indomptable ne rendra pas la tâche facile à qui voudra t'approcher mais s'il réussit, il n'aura sans doute jamais conscience du bonheur d'être à tes côtés. »

**« Some days
I am more wolf than woman
and I am still learning
how to stop apologizing
for my wild »**

de Nikita Gill

« Et je te promets que si jamais je m'en sors, nous aurons encore un bel avenir devant nous avec tous

les projets que nous avons en tête mais aussi ceux de
nos enfants, de notre famille, de nos amis proches… »

Il m'est impossible de relire toutes ces phrases sans émotion, entre larmes et sourires (à la lecture de certains propos !) parce que je ne peux plus lui répondre, parce que cette générosité dépasse l'entendement pour moi, parce que ses écrits sont la preuve de cet amour inconditionnel qu'il éprouvait pour moi sans jamais vraiment l'exprimer…

Tout comme le cœur est capable d'accueillir un nouvel enfant au sein d'une famille, un jour peut-être, j'accueillerai quelqu'un d'autre dans ma vie mais aujourd'hui j'ai la sensation que je ne suis pas près d'être prête… Je crains de ne pouvoir composer autre chose qu'un couple à trois, tant la présence de Pascal est ostensible dans ma vie, peut-être parce que nous étions tout juste sortis de l'adolescence lorsque nous nous sommes rencontrés et que nous avons « grandi » ensemble.

Parce que le temps n'a pas d'emprise
sur la couleur de tes yeux
Parce que le vent éteint une petite flamme
mais attise un grand feu
....

Parce qu'on s'est tant rapproché
que nos souvenirs se ressemblent
Parce que quand la vie n'est pas simple,
c'est tellement mieux d'être ensemble
....
Dans notre histoire rien n'est écrit
Mais tout sonne comme une évidence

de Grand Corps Malade

Mais cette soudaine solitude n'est absolument pas un choix et il m'est bien difficile aussi de me sentir libre à cause du regard des autres.

Comme pour garder le cap, je n'ai jamais cessé de me projeter dans l'avenir sans trop me retourner pour ne pas me réfugier dans le passé, de me laisser porter parfois par les évènements, mais aussi d'ébaucher de nouveaux projets, même si je vis au quotidien avec cette blessure. Je suis dans cette impasse entre colère, résignation et acceptation de cette nouvelle vie.

« Je sais que je ne rencontrerai plus jamais rien ni personne qui m'inspire de la passion. Tu sais, pour se mettre à aimer quelqu'un, c'est une entreprise. Il faut avoir une énergie, une générosité, un aveuglement... Il y a même un moment, tout au début, où il faut sauter par-dessus un précipice; si

on réfléchit, on ne le fait pas. Je sais que je ne sauterai plus jamais. »

de Jean-Paul Sartre

Mais comme Pascal l'a si bien exprimé, je suis et resterai vraisemblablement cet animal sauvage difficile à apprivoiser, un animal sauvage inaccessible, même par moi-même, de surcroît un animal sauvage blessé...

« L'amour est un échange d'abandon et de délice;
C'est quelque chose de si surnaturel et de si divin,
Qu'il faut une réciprocité complète,
Une fusion intime de deux âmes. »
de George Sand

Sur ton chemin

Dans l'année qui a suivi ton départ combien t'ont suivi ?

Je portais sans doute plus d'attention aux disparus qu'aux vivants pendant cette période mais de trop nombreuses personnes t'ont rejoint, des célébrités plus ou moins populaires, des amis, des enfants d'amis.

Ayez une pensée pour eux, ainsi que pour les deux « Pascal » disparus juste avant toi.

Pierre, notre ami de nos jeunes années d'adulte,

Muriel, la fille de nos amis, enlevée aux siens en quelques semaines, également suite à une rechute de cette p..... de maladie,

Thomas Michael Bond, auteur britannique de littérature pour la jeunesse (Ours Paddington) parti le même jour que toi,

Simone Veil, icône de la lutte pour le droit des femmes et une des figures politiques françaises du XXème siècle,

Jean d'Ormesson, écrivain, journaliste et philosophe français,

L'ancien roi de Roumanie, Michel 1er,

Johnny Hallyday, chanteur et compositeur français,

Paul Bocuse, grand chef cuisinier français,

France Gall, chanteuse française,

Stephen Hawking, astrophysicien britannique et auteur de nombreuses œuvres de vulgarisation scientifique,

Claudette, cette figure emblématique du sport automobile aveyronnais,

Stéphane Audran, actrice française,

John Miles, pilote automobile britannique,

l'écrivaine Anne Bert atteinte de la maladie de Charcot qui a choisi de se faire euthanasier en Belgique,

Jacques Higelin, auteur-compositeur-interprète et comédien français,

Henri Michel, footballeur et entraîneur français,

Maurane, auteur-compositeur et interprète belge, notamment dans Starmania,

Pierre Bellemare, célèbre animateur radio, écrivain et producteur de télévision,

Yvette Horner et son accordéon,

et j'en oublie sans doute...

De nombreuses aventures à la clé

- 1 -

Tout comme les anecdotes en rallye, j'aurais pu écrire un ou plusieurs livres complets sur les aventures de Pascal et ses clés !

Toute personne qui le connaissait bien a vraisemblablement vécu avec lui une histoire de clé !

Pascal disait d'ailleurs, à juste titre, « *je ne perds jamais mes clés, je les égare seulement...* », sauf cette fois-là !!!

Nous étions en vacances dans le Sud et nous étions en excursion toute la journée, visite de la grotte de Clamouse, promenade dans les gorges de l'Hérault, le pont du Diable, Saint Guilhem le Désert... puis retour au Cap d'Agde où vers minuit nous allons déguster une glace sur le port.

Nous rentrons tard à la résidence où nous avions loué un appartement en rez-de-chaussée à la maman de notre ami Thibaut et là, à notre arrivée, pas de clé, plus de clé ! Pascal pense me les avoir confiées ! Nous cherchons dans tous les recoins de la voiture, dans nos sacs, nos vêtements et là, il faut bien se rendre à l'évidence, nous ne retrouverons pas les clés, pas ce soir en tout cas.

Pascal envoie un message à notre ami Thibaut qui n'est pas encore couché, il nous rappelle, mais vu l'heure tardive, il ne souhaite pas réveiller sa maman à cette heure avancée de la nuit, mais nous promet de la contacter au plus tôt le lendemain matin, et nous conseille de tenter d'ouvrir la porte donnant sur la terrasse mais en vain... Je l'avais bien verrouillée avant de partir le matin.

Nous étions donc à la porte et avons dormi presqu'à la belle étoile, Pascal dans un transat sur la terrasse tandis qu'Eve-Amandine et moi avons préféré dormir dans la voiture.

- 2 -

Un jour que nous revenions d'un rallye dans le Sud, nous nous arrêtons, tous les 2 avec l'équipe d'assistance pour déjeuner mais Pascal prenait toujours la précaution de garer le camion attelé avec le plateau porte-voiture sur lequel avait pris place la voiture de rallye, dans son champ visuel lors du repas pour surveiller l'ensemble.

Et ce jour-là, il nous raconte qu'il préfère surveiller les véhicules car il est déjà arrivé que des pilotes s'arrêtant en route pour se restaurer s'étaient fait voler leurs véhicules. Le repas terminé, nous nous apprêtons à repartir mais... Pascal ne trouve plus les clés du camion. Tout le monde se met à chercher les clés, en vain, et alors que nous nous rapprochons du camion, là, par terre, les clés jonchent le sol à la hauteur de la porte conducteur. Il aurait donc suffi que quelqu'un de mal intentionné passe et ramasse les clés, il n'avait plus qu'à monter dans le camion et partir... sous nos yeux !

- 3 -

J'ai aussi ce souvenir un peu plus flou d'une clé perdue entre la maison et le garage distants d'au moins deux kilomètres.

Pascal avait retracé tout le parcours en vélo dans un sens et puis dans l'autre et m'avait demandé de le refaire à pied... un après-midi à chercher puis Pascal avait pensé que la clé avait peut-être été perdue (ou plutôt projetée) dans le pré juste à côté du chemin qui mène au garage lorsqu'il avait pris le virage (sans doute très doucement), mais entre-temps la nuit était arrivée.

C'est donc armés de lampes électriques que nous avions scruté le moindre indice dans l'herbe, autant chercher une aiguille dans une botte de foin, jusqu'à ce que la clé émette un scintillement dans le faisceau de lumière de la lampe de Pascal, elle était enfin là, à peine visible, plantée dans la terre...

Fin de cette chasse au trésor de plusieurs heures !

Un week-end où nous étions restés en terre champenoise, Pascal avait travaillé, toute la matinée, au garage, qui n'était donc pas à côté de la maison, il était rentré déjeuner puis était reparti en début d'après-midi. Alors qu'il sortait de la maison, il aperçoit au milieu de la rue des clés et se dit qu'il n'était finalement pas le seul à égarer ses clés, sauf qu'en regardant de plus près, il reconnait son porte-clés écrasé par le passage des voitures. C'était bien son trousseau de clés qu'il avait sans doute échappé lorsqu'il était rentré à la maison quelques heures plus tôt.

Il sonne à l'interphone et me dit :

— je viens de retrouver mes clés avant même de les avoir perdues !

Vous avez dit...

...Plus de 500 témoignages et messages par courrier, téléphone et sur les réseaux sociaux à l'annonce du départ de Pascal... qui, bien évidemment, ne pouvaient pas tous être repris ici mais je souhaitais vous faire partager le ressenti de ses nombreux amis, connaissances, collègues, concurrents en rallye...

Vous vous reconnaîtrez peut-être dans ce pêle-mêle anonyme touchant et rempli d'émotions :

Il était la plus belle personne que je n'ai jamais rencontrée,

Pascal, il faisait rêver c'était un grand passionné avec un sacré coup de volant,

Je te dois les règles de la conduite, les règles de la vie, salut l'ami, salut mon frère, salut le baroudeur...

Un grand pilote, un grand homme, un homme plein de sympathie et de gentillesse,

Pascal a vécu pleinement chaque moment de sa vie et c'est le souvenir de cette incroyable énergie qui continuera de m'accompagner,

Cet hiver, j'ai appris que tu as attrapé la même m... que moi, mais elle vient de t'emporter. Moi qui me faisais un plaisir de te revoir ce week-end et sur d'autres prochains rallyes, moi qui disais encore ce dimanche, que tu étais un battant, que tu allais t'en sortir. Tu vas nous manquer Pascal !

Je garderais ce souvenir d'un homme simple, jovial et d'une extrême gentillesse,

Nous perdons un bon ami, sympa, souriant,

Merci à toi, Pascal, de m'avoir fait vivre de grands moments de rallye, de m'avoir donné le sourire. Aujourd'hui je suis triste, tu nous as quitté à cause d'un miracle qui n'a pas voulu venir mais sache que tu resteras dans nos têtes et dans nos cœurs,

Plus qu'un ami, tes très bons conseils nous manqueront, mais c'est surtout Toi qui va nous laisser un grand vide sur les parcs fermés, mon camarade de rallye...

Passionné de voitures donc passionnant quand il parlait de ses week-ends. Son départ va laisser un grand vide. Avec qui vais-je rire maintenant en réunion ?

Je n'oublierai jamais ton accueil à mon arrivée dans la Marne. Tu as su être amical, bienveillant, décalé et jovial. Depuis six jours, la toile est envahie de messages signifiant l'homme que tu étais : un grand homme, généreux et passionné,

Comment oublier une personne exceptionnelle comme tu l'étais,

Un grand champion du sport automobile de notre région, je me souviens de mes toutes premières notes à tes côtés, elles resteront gravées dans ma mémoire...

Un sacré battant,

Un grand bonhomme du sport auto...

On a fait un peu de classe N3 ensemble... il était toujours devant et quand il était un peu derrière, c'était toujours avec le sourire,

Tu es la personne qui m'a donné envie de rouler,

Les rallyes n'auront plus jamais la même saveur,

Un pilote super cool, combatif avec lequel on a eu plaisir à se « bastonner »,

Tellement de bons souvenirs et toutes ces bagarres pour le groupe N,

Un ancien collègue dont je garde un bon souvenir,

Une personne de qualité avec un cœur énorme,

Une personne en or, un passionné d'automobile, une personne qui aimait faire partager sa passion, il restera gravé dans nos mémoires que ce soit en rallye ou tout simplement pour sa gentillesse, tu vas nous manquer...

Un sourire inaltérable que l'on gardera gravé en nos mémoires... Merci Pascal pour tes petits mots toujours bienveillants...

Merci à toi Pascal pour tout ce que tu nous as fait partager,

Certainement le mec qui m'a fait me mettre derrière un volant,

Pascal, un type avec un talent en or qui sera toujours dans nos esprits, salut l'Artiste !

Une pensée à un des plus grands sourires champenois qui vient de se figer...

Merci encore pour tes nombreux conseils sur les fameuses Clio,

Je garderais toujours en souvenir son sourire, sa bonne humeur, sa gentillesse. Et je n'oublierais jamais ce que vous avez partagé avec nous,

Une personne formidable, pleine de courage,

Pascal était un très grand monsieur du sport automobile. J'ai toujours adoré échanger avec lui sur les podiums,

Toi qui m'avais montré comment conduire une GT Turbo lors du rallye de la Porte normande, Chao l'artiste...

Je garderai en mémoire toute sa gentillesse et son sourire,

Pascal sera toujours à vos côtés. Continuez à le faire vivre, c'est la plus belle preuve d'amour que l'on puisse donner à quelqu'un...

Un mari et un papa très courageux et merveilleux,

Un homme gentil, qui aimait la vie et adorait sa famille,

En Roumanie aussi, tu laisses des souvenirs intenses,

Je garderai ce souvenir de l'année dernière au rallye Terre de Langres où il se promenait en trottinette sur le parc,

Que de bons moments passés et de rigolades sur les rallyes avec Pascal,

Une grande figure du rallye nous quitte,

Un copain, un ami, mon premier pilote et il le restera !!! .il m'a tout appris au niveau rallye, un sacré bonhomme!!!

Je lui avais tendu mon micro depuis fort longtemps, et c'était toujours un plaisir de le recevoir. Je n'oublierai pas sa gentillesse, son sourire, sa passion extrême pour le sport auto,

Adieu l'Ami! Tellement de bons souvenirs, toutes ces bagarres pour le groupe N!

Un Monsieur au bon cœur, la première fois que je l'ai rencontré il a réglé le pincement de ma Clio entre ses manches de course alors qu'il jouait la première place du groupe N... Marqué par sa sympathie et sa modestie,

Son brin de folie en voiture nous a souvent inquiété, nous ses collègues, quand nous partions en tournée mais nous avions confiance...

Ce grand Monsieur restera présent dans le cœur de tous ceux qu'il a croisé sur sa route,

Tu étais quelqu'un de super et une personne surprenante et intéressante, pour moi tu étais plus qu'un ami, je continuerai à partager notre passion mais plus rien ne sera comme avant,

Comment ne pas repenser à tous ces petits moments sur les rallyes terre au départ de spéciales ou à l'assistance toujours avec le sourire, toujours à rigoler,

Ce pilote avec cette Clio que je n'ai jamais réussi à prendre en photo sur ses quatre roues,

Un pilote qui était toujours prêt à donner des conseils et astuces aux débutants,

Son sourire et surtout sa passion pour la voiture, toujours attentionné auprès de ses collègues,

Un grand sourire, une grande générosité, un appétit de vivre immense, je ferai partie de ceux, nombreux qui essaieront de lui rendre hommage en essayant de vivre avec la même intensité que la sienne,

Que Pascal reste encore très longtemps dans nos cœurs !

It's been a long day without you my friend
And I'll tell you all about it when I see you again
We've come a long way from where we began
Oh I'll tell you all about it when I see you again
...
I know we loved to hit the road and laugh,
...
Everything I went through you were standing
there by my side
And now you gonna be with me for the last ride

extrait de « See you again » de Furious 7

Notre dernier échange de SMS (bis)

— Bien arrivées à l'appartement, une place juste au pied de la résidence, je conduirai Eve-Amandine demain matin jusqu'au RER puis je chercherai une place le long du square comme d'hab !

Repose-toi bien pour reprendre des forces !

Tiens-moi au courant dès que tu as des infos !

Plein de bisous pour cette nuit !

Je t'aime !

— Merciiiiii je le sais bien avec tout ce que tu fais pour moi et j'espère que ça portera ses fruits...

Moi aussi je t'aime même si je ne te le dis pas assez souvent !

Bonne nuit à toutes les deux !

Bisoussssssssssss

Epilogue

« j'espère que ça portera ses fruits »

« fais de l'écriture ta thérapie »

Il ne m'en a fallu pas plus pour créer ce recueil,

les fruits de l'écriture

Pendant des mois, Morphée m'a quittée, ton image dans mes rêves aussi, alors la nuit, j'ai pensé, j'ai réfléchi, j'ai reconstitué, j'ai écrit, j'ai composé, j'ai transcrit, j'ai effacé, j'ai retranscrit, j'ai réécrit...

et j'espère avoir fait de toi,

ce héros que tu étais,

que tu es,

et que tu resteras!

A chacun son histoire...

Ces quelques pages qui suivent, intitulées « **mon chapitre à moi** » vous sont réservées.

A l'ère de l'interactivité, mon souhait est que vous puissiez vous aussi écrire un chapitre de ce livre, sur ce livre, écrire un souvenir, une anecdote, un moment inoubliable, ou bien même une « querelle » avec Pascal, et garder ce livre ainsi personnalisé mais vous pouvez aussi m'envoyer votre histoire si vous le souhaitez, elle ne sera pas publiée mais je la garderai précieusement afin que ce livre reflète l'âme de Pascal à travers vos sensations, vos sentiments, les fruits de VOTRE écriture !

Mon chapitre à moi

SOMMAIRE

REMERCIEMENTS

Merci à nos deux enfants,
Marc-Emilien et Eve-Amandine,
pour la relecture,
pour la confection de la couverture,
et pour l'écriture de la préface,

Merci à Alex, notre neveu et ton filleul,
pour l'écriture de la préface,

Merci à Monique et Marie, à Jean-Phi et Fabrice,
pour leur relecture attentive, leurs suggestions,
leurs conseils et leurs critiques constructives,

Merci à toute notre famille,
Merci à tous nos amis,
Merci à tous les « acteurs » de ce livre,

Toutes vos impressions, vos réactions, vos
écritures à propos de ce livre à :

lesfruitsdelecriture@orange.fr

1 euro par livre imprimé sera reversé à l'Institut Curie 26 Rue d'Ulm, 75005 Paris